希伯来语教程

（一）

徐哲平 编译

北京大学出版社
北　京

图书在版编目(CIP)数据

希伯来语教程(一)/徐哲平编译. —北京：北京大学出版社，2005.1

ISBN 978-7-301-08071-9

Ⅰ.希… Ⅱ.徐… Ⅲ.希伯来语-教材 Ⅳ.H671.3

中国版本图书馆CIP数据核字(2004)第104306号

书　　　名：希伯来语教程(一)
著作责任者：徐哲平　编译
责 任 编 辑：张　冰
标 准 书 号：ISBN 978-7-301-08071-9
出 版 发 行：北京大学出版社
地　　　址：北京市海淀区成府路205号　100871
网　　　址：http://cbs.pku.edu.cn
电　　　话：邮购部 62752015　发行部 62750672　编辑部 62759634
电 子 邮 箱：编辑部 pupwaiwen@pup.cn　总编室 zpup@pup.cn
印 　刷 　者：北京虎彩文化传播有限公司
经 　销 　者：新华书店
　　　　　　787毫米×1092毫米　16开本　13.75印张　240千字
　　　　　　2005年1月第1版　**2024年1月第5次印刷**
定　　　价：38.00元

前 言

这套为初学者编写的希伯来语教程共分 4 册。每册教材包括以下几个部分：
1. 会话：实用的日常生活用语。
2. 阅读：其内容涉及以色列现实社会的各方面，帮助学生了解以色列国情。
3. 原文：选自《圣经》等犹太文选，有诗歌、谚语等。
4. 俚语：帮助学生接触生活中的真实语言。
5. 练习：分为两部分：配合语法学习的练习和中译希的练习。
6. 注释：解释课文中出现的各种语法现象和较难理解的句子。

这套教材经以色列希伯来大学 Academon 出版社授权，在希伯来大学语言中心原版教材的基础上改编而成，以适应中国学生的学习。在此我们要特别感谢以色列驻华使馆尤其是文化官员艾维山的帮助。

徐哲平　王宇
2004 年 9 月 21 日

希伯来文字母表

אותיות האלף-בית

תעתיק פונטי 发 音	שמות האותיות 字母名称	האותיות 字 母
'(ʔ)	alef אָלֶף	א
b, v	bet,vet בֵּית, בֵית	ב
g	gimel גִּימֶל	ג
d	dalet דָּלֶת	ד
h	he הֵא	ה
v	vav וָו	ו
z	zayin זַיִן	ז
ḥ	het חֵית	ח
ṭ	tet טֵית	ט
y	yod יוֹד	י
k, k̄	kaf, kaf כַּף, כַף	כ
l	lamed לָמֶד	ל
m	mem מֵם	מ,ם
n	nun נוּן	נ,ן
s	samek סָמֶךְ	ס
‘(c)	ayin עַיִן	ע
p, f	pe, fe פֵּא, פֵא	פ,ף
ts	tsadi צָדִי	צ,ץ
q	qof קוֹף	ק
r	resh רֵישׁ	ר
sh	shin שִׁין	שׁ
s	sin שִׂין	שׂ
t	tav תָּיו	ת
ğ		ג'
č		ז'
ch		צ'

元　音　התנועות		
תעתיק פונטי 发　音	שמות התנועות 元音名称	התנועות 元　音
a	קָמַץ, פַּתָח, חֲטָף פַּתָח	מֲ　מַ　מָ
e	צֵירֶה, צֵירֶה מָלֵא, סֶגוֹל, חֲטָף סֶגוֹל, שְׁוָא נָע	מֶ　מֵי　מֵ מְ　מֱ
i	חִירִיק חָסֵר, חִירִיק מָלֵא	מִי　מִ
o	חוֹלָם חָסֵר, חוֹלָם מָלֵא, קָמַץ קָטָן, חֲטַף קָמַץ	מָ　מוֹ　מֹ מֳ
u	קוּבּוּץ, שׁוּרוּק	מוּ　מֻ
Ø	שְׁוָא נָח	מְ

目 录 תוכן עניינים

יחידה 1 1

עיצורים: א, ה, י, מ, ם, נ, ן, ת 辅音:

תנועות: סָ, סַ, סֲ = a , סְ= Ø שווא כאפס תנועה, סִי, סִ = i 元音:

תחביר: משפט שמני בחיווי ובשאלה 句法:

陈述句和疑问句构成的名词句

דוגמה: אני... . מי אתה? 例子:

מילות השאלה - מה? מי? 疑问词-

יחידה 2 6

עיצורים:ג, ד, ל, שׁ, שׂ 辅音:

תנועות: סֶ, סֵ, סְ, סֱ = e, סֵי, סֶי = ei 元音:

צורות: שם עצם יחיד, זכר ונקבה 词形:

单数名词的阴阳性

דוגמה: תלמיד, תלמידה 例子:

תחביר: משפט משני בחיווי ובשאלה (המשך) 句法:

陈述句和疑问句构成的名词句（续）

דוגמות: אני מ... / מ... מאין אתה? 例子:

הא הידוע – דוגמה: היין 例子: 冠词

מילות היחס – מ..., של 介词

מילת השאלה - מאין? 疑问词

יחידה 3 13

עיצורים: ו, ז, ח, ט – 辅音:

תנועות: סוֹ, ס˙, סֳ = o 元音:

צורות: שם עצם, רבים ורבות 词形:

复数名词的阴阳性

	דוגמה: תלמידים, תלמידות	
动词:	פועל: בניין קל (פעל), גזרת ע"ו, זמן הווה, יחיד, זכר ונקבה -	
	简单主动干 (בניין פעל) 中 Waw 动词 (ע"ו)，现在时单数阴阳性	
	דוגמה: גר, גרה	
	בניין קל (פעל), גזרת השלמים, זמן הווה, יחיד, זכר ונקבה -	
	简单主动干，规则动词，现在时单数阴阳性	
	דוגמה: לומד, לומדת	
句法:	תחביר: משפט משני בחיווי ובשאלה (המשך)	
	陈述句和疑问句构成的名词句（续）	
	דוגמות: זה (לא) לימון.	
	משפט פעלי בחיווי בשלילה 动词否定句	
	מילית החיבור – וְ Waw 连续词	
	כינוי רמז – זה, זאת, אלה - 指示代词	
其他:	שונות: שמות שפות - 语言	
	דוגמה: אנגלית	

יחידה 4 23

辅音:	עיצורים: ס, ע, צ, ץ, ק	
元音:	תנועות: ֻ, סוּ = u	
词形:	צורות: פועל: בניין קל, גזרת השלמים, זמן הווה, רבים ורבות	
	动词：简单主动干，规则动词，现在时复数阴阳性	
	דוגמה: לומדים ולומדות	
	בניין קל, גזרת ע"ו, זמן הווה, רבים ורבות –	
	简单主动干，中 Waw(ע"ו)动词现在时，复数阴阳性	
	דוגמה: גרים וגרות	
	בניין קל, גזרת ל"ה, זמן הווה –	
	简单主动干，后 he(ל"ה)动词，现在时	
	דוגמה: רוֹצֶה, רוֹצָה, רוֹצִים, רוֹצוֹת	
介词	מיליות היחס – לְ..., עִם	
疑问词	מילת השאלה – לאן?	

יחידה 5 35

辅音:	עיצורים: ב, כ, פ	

	צורות:	פועל: בניין פיעל, גזרת השלמים, זמן הווה
词形:		动词:加强主动干(בניין פִּיעֵל) 规则动词现在时
	דוגמה:	例子: מדבר, מדברת, מדברים, מדברות
句法:	תחביר:	משפט שמני בחיווי ובשלילה (המשך) – יש/אין
		יש/אין 构成的名词句-
		משפט שמני (המשך) – אני בישראל. 名词句（续）
		מיליות היחס –בְּ..., עַל, ליד 介词
		מילית היחס – בְּ... + יידוע הַ... = בַּ... בְּ...הַ=בַּ... 加冠词 介词-
		דוגמה: 例句: יש הרבה סטודנטים בָּאולפן.

יחידה 6 44

	עיצורים: ב, כ, ד, פ, ף	辅音:
词形:	צורות: פועל: בניין קל, גזרת ל"א, זמן הווה-	
	动词: 简单主动干后alef(ל"א)动词现在时	
	דוגמה: 例子: קורא, קוראת, קוראים, קוראות	
句法:	תחביר: מיליות היחס- ל..., מ... + יידוע ה... = מֵה..., לַ...	
	דוגמה: אני הולך לַשיעור. אני בא מֵהאוניברסיטה. :例句	
	מילית הקישור- אבל 连词	
	מילת השאלה- איפה? 疑问词	

יחידה 7............54

	עיצורים: ג', ז', צ'	辅音:
词形:	צורות: פועל: בניין פעל, גזרת פ"י, זמן הווה-	
	简单主动干前 yod (פ"י)动词现在时	
	דוגמה: 例子: יודע, יודעת, יודעים, יודעות	
其他:	שונות: מה השעה? (1)	

פסק זמן 1..61

קטעים: הילל, דן, דינה, רבקה, גל	קטעי קריאה
אז יאללה, ביי!	

שיעור 1............70

קטעים: מאין אתה? שיחה

סליחה, מודיעין144, מודיעין 188, איפה מירה? שיחות
רדיו בישראל   לוח תוכניות
שירותים, טלפון ציבורי, חנות, אוטובוס   שיחות
גם וגם   שיחה
אז יאללה ביי!

	צורות:	סיומת השם בנקבה, יחיד, ורבים – (המשך)	词形:

阴性名词的单复数结尾标志

דוגמה: חנות, חנויות   例子:

| | תחביר: | סתמי – פועל בגוף שלישי רבים בלי שם גוף – | 句法: |

无主语句 – 动词第三人称阳性复数

דוגמה: הולכים   例子:

מילת השאלה: איך? כמה? מתי?   疑问词:

שונות: מספרים מונים בנקבה: 1-10   其他:

阴性基数词 1-10

שיעור 2..82

מה יש בדירה
בית טיכו   קטע קריאה
קיסריה   קטע קריאה
אז יאללה ביי!

| | צורות: | שם תואר | 词形: |

形容词

דוגמה: טוב, טובה, טובים, טובות   例子:
גדול, גדולה
יפה, יפה, יפים

| | תחביר: | התאמה בין שם עצם ושם תואר במין ובמספר | 句法: |

名词和形容词之间的性数一致

דוגמות: תלמיד חדש, בחורה יפה, דירות ישנות, מורים טובים   例子:
משפטי שאלה – איזה? איזו? אילו?   疑问句

סיכום לשוני: סיומת השם בנקבה יחיד   语法小结:

阴性名词单数结尾

שיעור 3..91

קטעים: כמה זה עולה?   שיחות

קטע קריאה		דירה בבייג'ינג ב-2004
שיחה		כל שבת
קטעי קריאה		כל בוקר, כל ערב
שיחה		כל דיסק – 2 שקלים
שיחה		באכסניה
שיחה		סליחה
שיחות		הספר הזה, העוגה הזאת, הציורים האלה
קטע קריאה		מוזאון בנגב
		אז יאללה, ביי!

תחביר: התאמה בין שם עצם ושם תואר בידוע –
句法: 名词和形容词之间的性、数、确泛指一致

דוגמה: הילד הקטן, הבית הזה   例子:

כל + שם עצם ביחיד – 单数名词+כל

דוגמה: כל יום   例子:

שונות: מספרים מונים בזכר – 1-10   其他:
阳性基数词

מה השעה (2)

שיעור 4...101

קטעים:		בחנות דיסקים	שיחה
		אני אוהב את...	קטע קריאה
		מבייג'ינג לתל אביב ב"אל- על"	קטע קריאה
		לדירה חדשה	שיחה
		אהלן! מה חדש?	שיחה
		לומד, לומד, לומד, עושים חיים	קטע קריאה
		בראשית ברא	מן המקורות
		אז יאללה, ביי!	

שיעור 5...112

קטעים:	מה לקרוא? מה לאכול? מה ללבוש?	שיחות
	אני רוצה ללמוד	שיחה
	הגניזה בקהיר	קטע קריאה
	משהו /מישהו	שיחה

		צורות:	פועל: בניין קל, גזרת השלמים, שם פועל

词形: צורות: פועל: בניין קל, גזרת השלמים, שם פועל
简单主动干，规则动词，动词构造型

דוגמות: לִלְמוֹד, לִקְרוֹא 例子
לֶאֱסוֹם
לַחֲשׁוֹב
לַעֲזוֹב
לִשְׁמוֹעַ

לִסְמוֹם
לֶאֱסוֹם
לַחֲסוֹם
לַעֲסוֹם
לִסְמוֹעַ

句法: תחביר: צירוף שם פועל: רוצה + שם פועל
动词+动词构造型

דוגמה: דן רוצה ללמוד 例子
תארי פועל – מהר, בשקט... 副词

שיעור 6....................122

קטעים: לא רוצה לקום, לא רוצה לבוא, רוצה לגור בביי'ג'ינג   שיחות
למה, למה, למה?   שיחה
קיבוץ הרדוף   קטע קריאה
מתנדב בקיבוץ   תרגיל פועל
שאלות במתמטיקה   קטעי קריאה
אז יאללה, ביי!

词形: צורות: פועל: בניין קל, גזרת ע"ו, שם פועל
动词：简单主动干，中母音动词，动词构造型

דוגמה: לָגוּר 例子
לָשִׁיר
לָבוֹא

לָסוּם
לָסִים

句法: תחביר: משפטי סיבה – למה? כִּי
原因句-

其他: שונות: מספרים – 20 – 100
数字 20–100
מה השעה (3)

פסק זמן 2....................133

קטעים: ארוחה טובה בבוקר   קטע קריאה
קפה עם ספר   תרגיל קלוז

שיעור 7 139

קטעים:	קניות	שיחה
	אני רואה בקפה	קטע קריאה
	הישראלי בסרטים ישראליים	קטע קריאה
	הוא נח כל היום	שיחה
	אז יאללה, ביי!	

צורות: פועל: בניין קל, גזרת ל"ה, שם פועל
简单主动干，后 he 动词，动词构造型

例子: דוגמות: לשתות לִסְמוֹת
לַעֲשׂוֹת

תחביר: כל + שם עצם מיודע ביחיד

דוגמה: כל היום

以疑问词开头的宾语从句 — משפטי מושא עם מילות שאלה

例句: דוגמה: אני יודע מי אני.

שיעור 8 149

קטעים:	גלויה לדני	קטע קריאה
	למה ג'ון בא לישראל	תרגיל
	מלונות ים המלח	קטע קריאה
	אני אוהב ללכת	שיחה
	רני לא רוצה שום דבר	שיחה
	ברחוב שינקין בת"א / בקפה ירושלים	שיחות
	אנשים בתל אביב	תרגיל קלוז
	אז יאללה, ביי!	

צורות: פועל: בניין קל, גזרת פ"י, שם פועל

动词：简单主动干，前 yod 动词，动词构造型

例子: דוגמה: לָשֶׁבֶת לָסֶפֶת
לָסַעַת לָדַעַת

תחביר: התאמה במשפט שמני במין ובמספר
名词句的性数一致

例句: דוגמה: השיעור קשה.
הספרים ישנים.
הכיתות קטנות.

	否定句+דבר שום דבר שום + שלילה משפטי
语法小结:	סיכום לשוני: דגמי משפטים שמניים -
	各类名词句型

שיעור 9 161

קטעים:	באוטובוס מתל אביב למודיעין	שיחה
	יום שישי בישראל	קטע קריאה
	ארוחה גדולה	תרגיל
	זה לא בריא	שיחה
	אז יאללה, ביי!	
צורות:	פועל: בניין פיעל, גזרת השלמים, שם פועל	词形:
	דוגמה: לְדַבֵּר 例子: לַחֲםֵם	
שונות:	מספרים מונים בנקבה 11 – 20	其他:
	阴性基数词 11 - 20	
	מה השעה? (4)	
	בן כמה? / בת כמה?	

שיעור 10 170

קטעים:	ג'וגינג	קטע קריאה
	מסיבה	שיחה
	החיים בלי ספרים	קטע קריאה
	מי לא מכיר את איתן?	תרגיל
צורות:	פועל: בניין הִפְעִיל, גזרת השלמים, זמן הווה ושם פועל	词形:
	动词：使役主动干 (בניין הִפְעִיל) 规则动词，现在时和动词构造型	
	דוגמה: מזמין, להזמין 例子:	
תחביר:	כל + שם עצם מיודע ברבים	句法:
	דוגמה: כל הילדים 例子:	

שיעור 11 180

קטעים:	בדואר	שיחות
	מכתב, פקס או אי – מייל?	קטע קריאה
	אז יאללה, ביי!	

	שרון	תרגיל	
תחביר:	סמיכות לא מיודעת, יחיד ורבים		句法:
	泛指名词组合式的单复数		
דוגמה:	עץ תפוחים, עוגת תפוזים		例子:
	עצי תפוחים, עוגות תפוזים		
שונות:	מספרים מונים בזכר 11 – 20		其他:

שיעור 12 191

קטעים:	יש בעיה? זה לא נורא	שיחות
	קצת על מאה שערים	קטע קריאה
	אז יאללה, ביי!	
צורות:	פועל: בניין התפעל, גזרת השלמים, זמן הווה ושם פועל		词形:
	动词: 加强反身干 (בניין הִתְפַּעֵל) 规则动词, 现在时和构造型	
דוגמה:	מתלבש, להתלבש		例子:
תחביר:	סמיכות + שם תואר		句法:
	名词组合式 + 形容词	
דוגמה:	חבר כנסת חשוב, חברת כנסת חשובה		例子:
	חברי כנסת חשובים, חברות כנסת חשובות	
פסק זמן ג' – חזרה על שיעורים 7 – 12		

פסק זמן 3 199

| קטעים: | זושא בנביאים |

יחידה 1 האלף בית

◀ עיצורים 辅 音

		'	-	א
		h	-	ה
		y	-	י
m	-	ם	-	מ
n	-	ן	-	נ
		t	-	ת

◀ תנועות 元 音

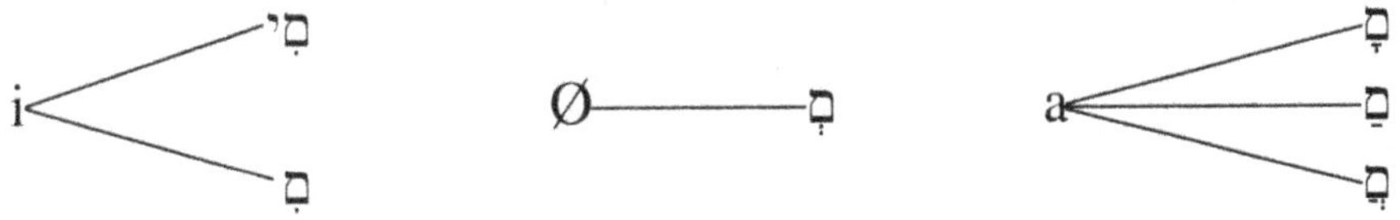

注释： ם 代表辅音字母。

◀ מילים 单 词

yayin	יַיִן	'ima	אִימָא
yam	יָם	'ani	אֲנִי
ma	מַה?	'at	אַתְּ
mi	מִי?	'ata	אַתָּה
mayim	מַיִם	hay	הַי!
matana	מַתָּנָה	hi	הִיא

(yod)	y	=	י	(alef)	'	=	א
(mem)	m	=	מ	(he)	h	=	ה
(tav)	t	=	ת	(nun)	n	=	נ

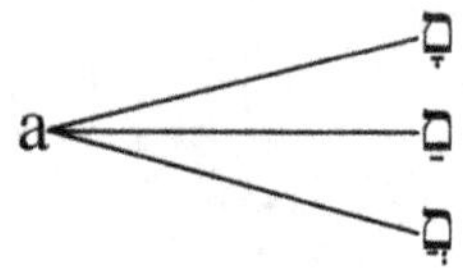

1.

א) נָ ✸ תָ ✸ מָ ✸ אָ ✸ יָ ✸ הָ ✸ תַ ✸ אַ ✸ מַ ✸ יַ ✸ הַ ✸ נַ
✸

ב) יָה!
אָה!
יַנַאי

מְ =Ø

2.

יְ ✸ מְ ✸ נְ ✸ תְ

3.

אַתְּ
הַי!
אַי!

נ. 阴性	ז. 阳性
אַתְּ	אַתָּה

4. קראו את השמות וכתבו אותם. 朗读并写出下列人名。

מַיָה, אָנָה, אַיָה, אַנְיָה
מַתְיָא, יַנַאי, מַתַנְיָה

5. כתבו לפחות 5 משפטים עם השמות מתרגיל 4.

用练习 4 中的人名写出至少 5 个句子。

דוגמה: את מיה. אתה מתניה.

את…　　　　אתה…

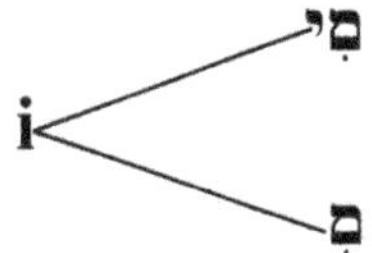

מִי
מִ
i

.6

א) תִ ✸ תִי ✸ מִי ✸ מִ ✸ נִי ✸ נִ ✸ הִי ✸ יִי ✸ יִ אִי ✸ אִ ✸

ב) אֲנִי
אִימָא
הִיא
מִי?

ז. 阳性	ז./נ. 阳性 阴性	נ. 阴性
אַתָּה	אֲנִי	אַתְ הִיא

.7 קראו את השיחה וכתבו אותה. 朗读并抄写下列对话。

איה: מי את?
תמי: אני מתי.
איה: מי אתה?
מתי: אני מתי. מי את?
איה: מי, אני? אני?? מי אני???

.8 מי אני?

- מי אני? אני מינה.
- מי אני? אני מתי.
- מי אני? אני אניה.
- מה אני? אני אימא.

(mem sofit) m = ם
(nun sofit) n = ן

.9

א) אַן ✷ מַן ✷ תִים ✷ מִין ✷ אִין ✷ תִּם ✷ מָם ✷ תַן ✷ הִין ✷
נִים

ב) נָתָן
יָם

10. כתבו את ההשלמה המתאימה. 选择合适的词填空。

1) ___________נתן.
(אני / היא / אניה)

2) ___________ את?
(ים / מתנה / מי)

3) אתה___________.
(תמי / ינאי / יין)

4) ___________ אימא.
(אתה / מים את)

אוצר המילים 词汇表

שמות עצם *名词*

אִימָא	(נ.) אִימָהוֹת	妈妈
יַיִן	(ז.)	酒
יָם	(ז.)	海
מַיִם	(ז.ר.)	水
מַתָּנָה	(נ.)	礼物

人称代词 שמות גוף

我	(ז.נ.)	אֲנִי
你	(נ.)	אַתְּ
你	(ז.)	אַתָּה
她	(נ.)	הִיא

疑问代词 מילות שאלה

什么？	מָה?
谁？	מִי?

其他 שונות

嗨！	הַי!

注 释

1. 希伯来文的辅音字母和元音一起拼读。
2. 在多数单词中当字母 ה 出现在词尾时不发音。
3. 字母 א 不发音。它带元音时发元音；它不带元音时则不发音。
4. 希伯来文中的שווא有两种，שווא נע和שווא נח。本课中出现的是 שווא נח，它只出现在词中和词尾。
5. 字母 י，既可作为辅音也可作为元音。
6. 字母 מ 和 נ 有两种写法：一种出现在词头和词中，另一种出现在词尾。词尾的写法：ם, ן

יחידה 2 האלף בית

◀ עיצורים 辅音

ג - g
ד - d
ל - l
ר - r
שׁ - sh
שׂ - s

◀ תנועות 元音

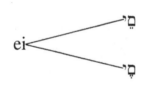

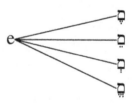

םֶ, םֵ, םְ, םֱ — e

םֵי, םֶי — ei

◀ מילים 单词

אִישׁ, אִשָּׁה	'sh, 'sha
גְלִידָה	glida
גַם	gam
דֶגֶל	degel
הַ··· / הָ···	ha...
הִינֵה	hine
הַר	har
יֶלֶד, יַלְדָה	yeled, yalda
מִ··· / מֵ···	mi.../ me...
מֵאַיִן	me'ayin
מַרְגָרִינָה	margarina
שִׁיר	shir
שֶׁל	shel
שָׁם	sham
שֶׁמֶשׁ	shemesh
תֵה	te
תַלְמִיד	talmid
תַלְמִידָה	talmida

ג = g (gimel)

ד = d (dalet)
ל = l (lamed)
ר = r (resh)
שׁ = sh (shin)
שׂ = s (sin)

.1

א) רָ * שַׁ * דַ * גִי * שַׂ * רִ * לָ * שִׁי * רִי * שָׁ * שׂ *
לִ * שְׂ * גַ * גָ * שְׁ * שִׁי * לְ * דִ * לַ * לִי * דִי

ב) תַלְמִיד, תַלְמִידָה
אִישׁ, אִישָׁה
שָׁם
גַם
שָׂרָה
שָׂרִי

.2 **קראו את השמות של התלמידים והתלמידות .** 朗读下列男、女生人名。
תלמיד: דָן, נָתָן, יַנַּאי, נִיר, רָן, גִּיל
תלמידה: אַיָּה, מִינָה, מַאיָה, גִּילָה, דִּינָה, תָּמִי, שָׂרִי, אַנְיָה

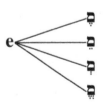

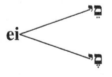

.3

א) דֶ * שֶׁ * הֵי * רֵ * יֶ * גֶ * אֱ * גֵ * הֱ * נֵי * מֶ *
דֵ * תֵי * לֵ * לֶ * יֵ * שֵׂ *

ב) יֶלֶד
הִינֵה
גְלִידָה

תֵּה
דֶּגֶל
יִשְׂרָאֵל
גֶּשֶׁם
שֶׁמֶשׁ
שֶׁלֶג

4.

א) מִ.../ מֵ...

אתה מִישראל.
גם אני מישראל. אני מִנתניה.

אתה מֵאירלנד.
את מֵאנגליה.

היא מִירדן.
אני מִתימן.

ב) אמרו משפטים. 朗读下列句子。

את מהוֹלַנד.
מתניה מדֶנְיָה.
מתי מגֶרְמָנְיָה.
אני ואתה ממֶקְסִיקוֹ.
את מאַרְגנטִינָה.
אני מאֲמֶרִיקָה.

5. מֵאַיִן? מ...

- הֵי!
- הי!מאין אתה?
- אני מישראל. מאין את?
- אני מגֶרְמַנְיָה.
- מאין היא?
- היא מדֶנְיָה.

.6

א) הַ...

- הַי! מים? יין?
- מאין היין?
- מישראל.
- מאין המים?
- המים? גם מישראל.

ב) שאלו זה את זה על: תֵה, יַיִן, מַיִם, גְלִידָה וענו.

用所给的单词相互提问并回答。

דוגמה: ● מאין התה?
● התה מאמריקה.

.7 שֶל

גִילָה

רמי: הינה גילה.
גיל: היא תלמידה?
רמי: היא התלמידה של אֱלִי דַיָין.
גיל: היא גם האישה של אלי דיין.
רמי: אהה...
? מי האישה של אלי דיין?

.8 קראו את השיחות. 朗读下列对话。

- הי, מאין את?
- אני מגרמניה. אני תלמידה.
- הי, מאין אתה?
- אני מֵאִירְלַנד. אני הילד של אימא.

- הי, מאין את?
- אני מישראל. אני ישראלה ישראלי.

- הי, מה את?
- אני השמש של ישראל.

- מאין היא?
- היא מהים.

9. קראו את השמות בטור 1 ומצאו את שם החיבה בטור 2.

朗读第一列的人名并在第二列找到与之匹配的昵称。

1	2
מתניה	שָׂרִי
ישראל	רמי
שרה	דני
דניאל	אֱלִי
רם	מָתִי
תמר	לֵאָהלֶה
גַל	מֶנַש
מִרְיָם	תָמִי
לֵאָה	גָליה
מְנַשֶּׁה	מירי

אוצר המילים 词汇表

שמות עצם 名词

אִישׁ	(ז.), אֲנָשִׁים	男人
אִשָּׁה	(נ.), נָשִׁים	女人
גְלִידָה	(נ.)	冰激凌
דֶגֶל	(ז.)	旗帜
הַר	(ז.)	山
יֶלֶד	(ז.), יְלָדִים	男孩子
יַלְדָה	(נ.), יְלָדוֹת	女孩子
שִׁיר	(ז.)	歌
שֶׁמֶשׁ	(נ.)	太阳
תַלְמִיד	(ז.), תַלְמִידָה (נ.)	学生

小品词 מיליות

这	הַ...
从	מִ.../ מֵ...
的	שֶׁל

疑问代词 מילות שאלה

从哪儿?	מֵאַיִן?

其他 שונות

也	גַם
这儿	הִינֵה
那儿	שָׁם

外来语 מילים לועזיות

人造奶油	מַרְגָרִינָה (נ.)
茶	תֵה (ז. ר. 0)

地名 שמות מקומות

爱尔兰	אִירְלַנְד
英国	אַנְגְלִיָה
德国	גֶרְמָנִיָה
丹麦	דֶנְיָה
约旦	יַרְדֵן
以色列	יִשְׂרָאֵל
也门	תֵימָן
内塔尼亚	נְתַנְיָה

注 释

1. 在现代希伯来文中 שווא נע有两种发音方法:
   a. 不发音: גְלִידָה
   b. 发短元音: נְתַנְיָה
2. 介词...מ有两种标音方法:
   a. 在喉音字母א, ה, ח, ע, ר前标...מֵ

b. 在其他字母前标...מְ

3. 冠词 הַ

הַ是希伯来文的冠词，出现在确指名词前。如：התלמיד这个学生，希伯来文的名词分阴阳性，多数以ָה结尾的名词是阴性。如：תלמידָה, ילדָה

יחידה 3 האלף בית

◀ עיצורים 辅音

ו - v
ז - z
ח - h
ט - t

◀ תנועות 元音

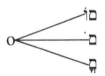

◀ מילים 单词

אוֹ	'o	יִידִישׁ	yidish
אֵלֶּה	'ele	לֹא	lo
אַתֶּם	'atem	לְהִתְרָאוֹת	lehitra'ot
אַתֶּן	'aten	לוֹמֵד	lomed
אַנְגְּלִית	'anglit	לֶחֶם	lehem
גָּר	gar	לִימוֹן	limon
גֶּרְמָנִית	germanit	מוֹרֶה, מוֹרָה	more, mora
הֵם	hem	מָיוֹנֶז	mayonez
הֵן	hen	מֶלַח	melah
וְ	ve...	מֶנְטָה	menta
וִידֵאוֹ	vide'o	רַדְיוֹ	radio
זֹאת	zot	רוֹמָנִית	romanit
זֶה	ze	שָׁלוֹם	shalom
זוֹאוֹלוֹגְיָה	zo'ologia	שָׁר	shar

חַלָּה	hala	תוֹדָה	toda
טֶלֶוִויזְיָה	televizia		

ו	=	v	(vav)
ז	=	z	(zayin)
ח	=	h	(het)
ט	=	t	(tet)

.1

א) טַ ✸ טִי ✸ טֶ ✸ וִי ✸ חִי ✸ חֶ ✸ זַ ✸ חָ ✸ וַ ✸ טָ ✸ וְ ✸
חֲ ✸ טֵ ✸ זִי ✸ זְ ✸ וָ ✸ חֱ ✸ זֶ ✸ וֵי ✸ זָ ✸ חַ ✸ טִ ✸
זֶי ✸

ב) מֶלַח, מֶנְטָה, טֶלֶוִויזְיָה, וְ . . ., אָדָם וְחַוָּה, לֶחֶם

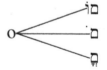

.2

א) אוֹ ✸ גוֹ ✸ נֹ ✸ דוֹ ✸ חוֹ ✸ אֹ ✸ טוֹ ✸ יוֹ ✸ רוֹ ✸ חֹ ✸
שׁוֹ ✸ לֹ ✸ תוֹ ✸ מֹ ✸ גֹ ✸ לוֹ ✸ נוֹ ✸ הוֹ ✸ מוֹ ✸ רֹ ✸
זוֹ

ב) לֹא
לִימוֹן
מָיוֹנֶז
מוֹרֶה
שָׁלוֹם
לְהִתְרָאוֹת
תוֹדָה

ז. 阳性	נ. 阴性
זֶה	ז˙את

.3 א) הוסיפו שמות עצם. 增加名词。

זאת: תלמידה,דליה, ...

זה: תלמיד, לחם....

ב)

- זה משה?
- לא, זה לא משה. זה רון.
- זאת דליה?
- לא, זאת טל.

- זה מורה?
- לא, זה לא מורה. זה תלמיד.
- זאת תלמידה?
- לא, זאת מורה.
- זה המורה של טל?
- לא, זה המורה של משה.
- זאת הטלוויזיה של רון?
- לא, זאת הטלוויזיה של דליה.

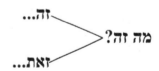

מה זה? → **זה...** / **זאת...**

.4

א) מה זה? זה רדיו.
מה זה? זאת טלוויזיה.

ב)

- מה זה? מים?
- לא, זה יין.
- מה זה, לחם?
- לא, זה לא לחם. זאת חלה.

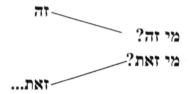

מי זה? — **זה**

מי זאת? — **זאת...**

.5

- מי זה?
- זה משה.
- מי זאת?
- זאת דליה.

.6 השלימו את המשפטים כמו בדוגמה. 按照例句完成下列句子。

תלמיד ✸ לחם ✸ ילד ✸ וידאו ✸ דליה ✸ מיונז ✸

דוגמה: לא, זה לא רדיו, זה וידאו.

1) לא, זה לא מורה, זה...
2) לא, זאת לא חלה, זה...
3) לא, זאת לא ילדה, זה...
4) לא, זה לא טל, זאת...
5) לא, זאת לא טחינה, זה...

.7

	ז. 阳性	נ. 阴性
י. 单数	תַּלְמִיד	תַּלְמִידָה
ר. 复数	תַּלְמִידִים	תַּלְמִידוֹת
	ִים	וֹת

阴性.נ	阳性/阴性 ז. / נ.	阳性.ז	
זֹאת		זֶה	单数.י
	אֵלֶה		复数.ר

אלה ילדים.
אלה תלמידות.
אלה טלוויזיות.
אלה דגלים.

א) מי אלה? - אלה רון וטל.

ב) ילדים
- מי אלה? אלה התלמידים של רון?
- לא, זה הילד של הִילָה ואלה הילדות של זיו

8. השלימו- זה, זאת ואלה. 用指示代词完成下列句子。
דוגמה: זה לחם.זאת חלה. אלה התלמידים של טל.

1) _____ התלמידה של שולה.
2) _____ מלח.
3) _____ טלוויזיות.
4) _____ לחם, ו_____ חלה.
5) _____ דליה.
6) _____ תלמידות.
7) _____ התלמידות של דליה.
8) _____ גלידה.
9) _____ הלימון של טל.

9. כתבו את התשובות. 写出答案。
מי זה? זה_____
מי זאת? זאת_____
מי אלה?אלה_____

מה זה? זה _____
מה זה? זאת _____
מה זה? אלה _____

10. **כתבו את היחיד או הרבים.** 完成单、复数填空。

תלמיד _____
_____ תלמידות
מורה _____
_____ ילדות
לימון _____
_____ חלות

11.

	阳性.ז	阴性.ז / 阳性.נ	阴性.נ
单数.י	אַתָּה	אֲנִי	אַתְּ / הִיא
复数.ר	אַתֶּם / הֵם		אַתֶּן / הֵן

- מי אתם?
- רון ודויד.
- והם?
- אדם וחוה.
- מי אתן?
- דַלְיָה וְשָׂרָה.
- מי הן?
- הָגָר ושרה.
- אתם מישראל?
- לא, מגרמניה.
- והם?
- הם מאנגליה.

.12

נ. 阴性	ז. 阳性
גָּרָה סָמָה	גָּר סָם

א)

- מי גר שם?
- רון גר שם.
- גם דליה גרה שם?
- לא, היא לא גרה שם.

ב) בחרו את צורת הפועל הנכונה וקראו את המשפטים.

选择正确的动词形式填空并朗读句子。

היא גרה, אתה______, את______, אני______

.13

נ. 阴性	ז. 阳性
לוֹמֶדֶת סוֹמֶמֶת	לוֹמֵד סוֹמֵם

א)

אני לומד.
דליה לומדת.
רון לומד.
אתה לומד.
את לא לומדת.

ב) בחרו את לומד / לומדת וקראו את המשפטים.

选择**לומד / לומדת**填空并朗读句子。

התלמיד______, התלמידה______, היא______, אתה______

14. כתבו משפטים. 完成下列句子。

מי		**מה?**
רון		אנגלית
דליה	לומד	רומנית
רמי	לא לומד	גרמנית
משה	לא לומדת	זואולוגיה
אתה	לומדת	שירים
היא		תורה
אני		יידיש

דוגמה: *רון לומד אנגלית.*

15. א)

שלום!

רון: שלום.
דן: שלום. אתה רן כהן?
רון: לא, אני רון כהן.
דן: מה אתה לומד?
רון: אני לומד אנגלית. ואתה?
דן: אני לומד תורה. אתה מרומניה?
רון: לא, אני מגרמניה. גם אתה מגרמניה?
דן: לא, אני מאנגליה.
רון: להתראות.
דן: שלום, להתראות.

1) מה רון לומד?
2) מאיין רון?
3) דן מאנגליה?
4) מה דן לומד?

ב) כתבו שיחה דומה בין רותי ודינה. 写一段 **רותי ודינה** 之间的类似对话。

אוצר המילים 词汇表

פעלים 动词

גָּר	居住
לוֹמֵד	学习

שמות עצם 名词

אַנְגְּלִית	(נ.ר.0)	英语
גֶּרְמָנִית	(נ.ר.0)	德语
חַלָּה	(נ.)	面包
יִידִישׁ	(נ.ר.0)	意第绪语
לֶחֶם	(ז.)	面包
לִימוֹן	(ז.)	柠檬
מוֹרֶה	(ז.), מוֹרָה (נ.)	老师
מֶלַח	(ז.ר.0)	盐
רוֹמָנִית	(נ.ר.0)	罗马尼亚语

כינוי גוף 人称代词

אַתֶּם	(ז.ר.)	你们
אַתֶּן	(נ.ר.)	你们
הֵם	(ז.ר.)	他们
הֵן	(נ.ר.)	她们

כינוי רומז 指示代词

זֶה	(ז.)	这个
ז׳את	(נ.)	这个
אֵלֶּה	(ז.נ.ר.)	这些

מיליות 小品词

אוֹ	或者
...וְ	和……

外来语 מילים לועזיות

录像机	(ז. ר. ס.)	וִידֵאוֹ
动物学	(נ.ר.ס.)	זוֹאוֹלוֹגְיָה
电视	(נ.)	טֶלֶוִויזְיָה
蛋黄酱	(ז. ר. ס.)	מָיוֹנֶז
薄荷	(נ.ר.ס.)	מֶנְטָה
收音机	(ז. ר. ס.)	רַדְיוֹ

其他 שונות

不	לֹא
再见	לְהִתְרָאוֹת
你好，再见	שָׁלוֹם
谢谢	תוֹדָה

注 释

1. 希伯来文的名词有阴、阳性和单、复数之分。多数阳性复数名词结尾：ִים；多数阴性复数名词结尾是：וֹת。
2. 动词现在时

   גר, גרה, לומד, לומדת是动词现在时的形式。动词现在时有单、复数和阴、阳性之分。
3. 指示代词

   指示代词的单数分阴阳性；复数没有阴阳性的区分。
4. מה זה?

   מה זה?用于阴、阳性和单、复数的疑问句，回答句分阴阳性和单复数。

   מה זה? זה לחם.

   מה זה? זאת טלוויזיה.

   מה זה? אלה מים.
5. מי זה? מי זאת?

   מי זה? מי זאת?分阴阳性。

   מי זה? זה רון.

   מי זאת? זאת דליה.

   מי אלה? אלה התלמידים של רון.
6. אלה התלמידים של רון.

   人名和地名是确指的，所以在“学生”前要加冠词。

יחידה 4 האלף בית

◀ עיצורים 辅 音

ס - s

ע - ‘

צ - ץ - tz

ק - q

◀ תנועות 元 音

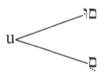

u — ◌וּ / ◌ֻ

◀ מילים 单 词

אוֹ קֵיי	'o qey	מָתֶמָטִיקָה	matematiqa
אוּלַי	'ulay	נָעִים מְאוֹד	na ‘im me'od
אֶלֶקְטְרוֹנִיקָה	'eleqtronika	סְטוּדֶנְט, סְטוּדֶנְטִית	student, studentit
אֲנַחְנוּ	'anahnu	סָלָט	salat
אֶרֶץ	'erets	סְלִיחָה	sliha
הוּא	hu	סֶרֶט	seret
לְ...	le	עוּגָה	‘uga
לְאָן?	le 'an	עוֹשֶׂה	‘ose
מַה נִשְׁמַע?	Ma nishma	עוֹשֶׂה חַיִּים	‘ose hayim
מִיץ	mits	עִיר	‘ir
מְצוּיָן	metsuyan	עִם	‘im
מִסְעָדָה	mis ‘ada	רוּסִית	rusit
קוֹמוּנִיקַצְיָה	qomuniqatsia	רוֹצֶה	rotse
קוֹנְצֶרְט	qontsert	רַק	raq

קוֹקָה קוֹלָה	qoqa qola	רַק רֶגַע	raq rega
קְיוֹסְק	qyosq	שׁוֹקוֹלָד	shoqolad
קְצָת	qtsat	שׁוֹתֶה	shote
רֶגַע	rega		

ס	=	s	(samek)							
ע	=	‘	(‘ayin)							
צ	=	ts	(tsadi)		ץ	=	ts	(tsadi sofit)		
ק	=	q	(qof)							

.1

א) סוֹ ✸ עִי ✸ צָ ✸ קַ ✸ עֻ ✸ צִי ✸ עֶ ✸ קְ ✸ סֵ ✸ צַ ✸ סִי ✸
קוֹ ✸ צֵ ✸ עוֹ ✸ קִי ✸ עָ ✸ סִ ✸ צוֹ ✸ ץ ✸ סָ ✸ קֶ ✸ סְ ✸

ב) יִצְחָק, יָעֵל, יוֹסִי

ג) - מַה נִשְׁמָע?
- אוֹ קֵיי.

.2 קראו ואמרו:ארץ או עיר. 朗读并说出下列名词是国名还是城市名。

אִירְלַנְד ✸ אַנְגְלִיָה ✸ גֶרְמַנְיָה ✸ דִימוֹנָה ✸ דֶנְיָה ✸ טוֹקְיוֹ ✸ טוֹרוֹנְטוֹ
יַרְדֵן ✸ יְרִיחוֹ ✸ יִשְׂרָאֵל ✸ לוֹנְדוֹן ✸ מִצְרַיִם ✸ מֶקְסִיקוֹ ✸ נְתַנְיָה ✸
סִין ✸ עִירַק ✸ קֶנְיָה ✸ תֵימָן ✸

דוגמה: *סין זאת ארץ.*
יריחו זאת עיר.

.3

- אִילָן, אתה רוצה מיץ לימון?
- לֹא, אני רוצה קולה עם לימון, תודה.

- דַלְיָה, את רוצה גלידה?
- לֹא, תודה. אני רוצה שוקולד.
- דִינָה, את רוצה קצת סלט?

- או קיי, תודה.

	ז. 阳性	נ. 阴性
י. 单数	רוֹצֶה שׁוֹתֶה	רוֹצָה שׁוֹתָה

עִם

4. א) אמרו כרצונכם שאלות מן המילים בטורים אלה. 用下列两组单词自由提问。

המסעדה של רון

← את רוצה/ אתה רוצה   לחם   מלח
                            מיץ   עם   חלה
                            קוקה קולה   או   גלידה
                            שוקולד   תה
                            סלט   מים
                            יין   מרגרינה

דוגמה: *את רוצה קולה או מים? – אתה רוצה לחם עם מרגרינה?*

ב) אני שותה קולה.
אתה שותה יין.
היא שותה רק מים.

ג) שאלו זה את זה וענו. 相互提问并回答问题。
✴ מה אתה שותה?
✴ מה את רוצה?
✴ מה היא שותה?
✴ מה אתה רוצה?

5. א) סמנו בקו מה לא שייך במשמעות. 用下划线标出词义另类的单词。
דוגמה: נעים מאוד/תודה/<u>קצת</u>/סליחה

1) טלוויזיה/רדיו/וידאו/תה
2) אנגלית/או/גרמנית/רומנית
3) מי/מאין/מה/גם
4) יין/מים/מיץ/לחם
5) רון/משה/דליה/רגע
6) מסעדה/סין/ישראל/מצרים
7) רוצה/שותה/לומד/מתנה
8) אני/היא/אתה/רק
9) אלקטרוניקה/מתמטיקה/זואולוגיה/מיץ
10) שוקולד/קולה/מים/זאת

6. בחרו את הפועל המתאים וכתבו משפטים. 选择合适的动词组成句子。

רוֹצֶה, רוֹצָה, שׁוֹתֶה, שׁוֹתָה, לוֹמֵד, לוֹמֶדֶת

דוגמה: *דליה רוצה קולה.*

1) אילן_____רק מים.
2) איה_____זואולוגיה.
3) נתן לא_____יידיש.
4) דינה_____רק מים.
5) גיל_____מיץ.
6) אניה_____סלט.

.7

א) לְאָן? לְ...

- לאן אתה?
- לסין.
- לאן את?
- לישראל.
- לאן אתם?
- לאנגליה.
- לאן הם?
- למצרים.
- לאן הן?

- לירדן.
- לאן היא?
- לסרט.
- לאן רון?
- למסעדה.

ב) **שאלו זה את זה וענו.** 相互提问并回答问题。
* לאן אתה?   * לאן את?
* לאן אתם?   * למסעדה?

8. **שבצו את הביטויים בשיחות.** 选择合适的词语填空。
סליחה * תודה * נעים מאוד * רק רגע * מה נשמע * להתראות * שלום

א.
- שלום.
- _____.
- אני רון, נעים מאוד.
- נעים מאוד, אני דליה.

ב.
- מי שם?
- אני.
- אה, _____.

ג.
- הינה הלחם והסלט.
- _____.

ד.
- הלו?
- רון?
- הי, שלום דליה, _____?
- או קיי.

ה.
- הלו, איציק?
- אני לא איציק.

- אוי, __________.

ו.

- דליה, מה נשמע?
- או קיי, לאן אתה?
- לסין, ולאן את?
- לאנגליה.
- __________.

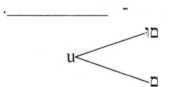

9.

א) שוּ ✸ גֶ ✸ רֶ ✸ קוּ ✸ הֶ ✸ הוּ ✸ יוּ ✸ בֶ ✸ זוּ ✸ חֶ ✸ טוּ ✸
דֶ ✸ווּ ✸ לֶ ✸ מֶ ✸ נוּ ✸ סֶ ✸ צֶ ✸ תוּ ✸ עוּ ✸ אוּ ✸

ב) יְרוּשָׁלַיִם
עוּגָה
סְטוּדֶנְט

10.

א) **שמות הגוף** 人称代词

	ז. 阳性	ז. נ. 阳性.阴性	נ. 阴性
י. 单数	אַתָּה הוּא	אֲנִי	אַתְּ הִיא
		אֲנַחְנוּ	
ר. 复数	אַתֶּם הֵם		אַתֶּן הֵן

ב) **כתבו את שמות הגוף וקראו את המשפטים.** 填写合适的人称代词并朗读。

1) ינאי לומד. ______לומד מתמטיקה באוניברסיטה.

2) זאת אישה. ______מסין.

3) רון ודליה מישראל. ______מירושלים.

4) שולה וטל מסין. ______מורות.

5) איה ומאיה מאנגליה. ______סטודנטיות.

6) - מאין את?

- ______אנגלית.

7) - רון, מאין ______?

- ______מישראל.

8) - דן ודינה, ______סטודנטיות?

- לא, אנחנו מורים.

9) - תמי ואנה, מה ______רוצות?

- מים, תודה.

10) - סליחה, מי ______?

- אני רון.

.11

	ז. 阳性	נ. 阴性
י. 单数	גָּר	גָּרָה
ר. 复数	גָּרִים סָסִים	גָּרוֹת סָסוֹת

א) מי גר שם?

- מי גר שם?
- איציק ויעל גרים שם.
- ושם?
- אנחנו.

	ז. 阳性	נ. 阴性
י. 单数	לוֹמֵד	לוֹמֶדֶת

ר. 复数	לוֹמְדִים מוּסְמִים	לוֹמְדוֹת מוּסְמוֹת

ב) מה אתם לומדים?

- שלום יוסי, מה נשמע?
- או קיי, אנחנו לומדים.
- מה אתם לומדים?
- אני לומד מתמטיקה, והוא לומד אנגלית.
- גם רון ונתן לומדים אנגלית?
- לא, הם לומדים גרמנית.

ג) כתבו שיחות דומות ל-11 ב) ואמרו אותן. 编写类似 11B 的对话并朗读。

12. א)

מה הם שרים?

רון:שלום יעל. מה נשמע?

יעל:מצוין, אנחנו שרים.

רון:מה אתם שרים?

יעל:שירים.

רון:גם אילן ודויד שרים?

יעל:לא, הם לומדים.

ב) כתבו שיחה דומה ואמרו אותה. 编写类似的对话并朗读。

13. קראו בזוגות, שאלו זה את זה וענו כרצונכם. 两人一组朗读并自由提问和回答。

	ז. 阳性	נ. 阴性
י. 单数	רוֹצֶה	רוֹצָה
ר. 复数	רוֹצִים מוּסִים	רוֹצוֹת מוּסוֹת

- מה אתם / הם רוצים?
- מה אתן / הן רוצות?
- מה אתם / הם שותים?
- מה אתן / הן שותות?

דוגמות:
- מה אתם רוצים?
- שוקולד

- מה הן שותות?
- קולה.

14. השלימו את המשפטים בעזרת שם הגוף המתאים.
用合适的人称代词完成下列句子。

אנחנו, אתם, אתן, הם או הן

דוגמה: דויד ומשה, שרים. הם שרים עם יעל ויסמין.

1) שרה ודינה לומדות. _____ לומדות רומנית.
2) רון: ניר ורן מה _____ לומדים?
3) דינה: איה ומינה מה _____ רוצות?
4) התלמידים לומדים. _____ לומדים יידיש.
5) - דינה ורמי מה אתן עושות? - _____ עושות חיים.

15. עוגה וסינית

איה: הינה אורי.
מינה: מי זה אורי?
איה: אורי מסין.
מינה: הוא סטודנט?
איה: לא, הוא לא סטודנט. הוא מורה.
אורי: הי, שלום איה, מה נשמע?
איה: מצוין. זאת מינה.
אורי: נעים מאוד. מה אתן עושות?
איה: אנחנו לומדות סינית. ואתה? מה אתה עושה?

אורי: אני שותה תה. אולי אתן רוצות תה עם עוגה?

איה: או קיי, תודה.

? **מה אתם יודעים על: אורי, איה ומינה?**

16. כתבו את הפעלים החסרים. 填写合适的动词。

阴性复数 נ.ר. 阳性复数 ז. ר. 阴性 נ. 阳性 ז.

אנחנו, אתן, הן	אנחנו, אתם, הם	אני, את, היא	אני, אתה, הוא
			גר
		שרה	

אנחנו, אתן, הן	אנחנו, אתם, הם	אני, את, היא	אני, אתה, הוא
			שותה
	רוצים		
עושות			

אנחנו, אתן, הן	אנחנו, אתם, הם	אני, את, היא	אני, אתה, הוא
	לומדים		

17. קראו וכתבו עוד 2 שלטים 读下列标语并补充两条。

רק מסעדות ומלונות?!

אנחנו רוצים מים ושמים!

"שלום שלום ואין שלום"!

הוא קונה עוגות, ואנחנו רק לחם?!

אנחנו רוצים שלום!

אנחנו רוצות דמוקרטיה!

אז יאללה, ביי!

היא משהו משהו!

היא משוגעת.

היא לא משהו.

מי זאת?

זה איש או אישה?

词汇表 אוצר המילים

动词 פעלים

עוֹשֶׂה		做
רוֹצֶה		想，要
שׁוֹתֶה		喝

名词 שמות עצם

אֶרֶץ	(נ.) אֲרָצוֹת	国家
מִיץ	(ז.)	果汁
מִסְעָדָה	(נ.)	餐厅
עוּגָה	(נ.)	蛋糕
עִיר	(נ.) עָרִים	城市
סִינִית	(נ.)	中文
סֶרֶט	(ז.) סְרָטִים	电影
רֶגַע	(ז.) רְגָעִים	一会儿
רוּסִית	(נ.)	俄语

人称代词 כינויי גוף

אֲנַחְנוּ	(ז.נ.ר.)	我们
הוּא	(ז.)	他

小品词 מיליות

לְ...		（表示方向的介词）
עִם		同……

疑问词 מילות שאלה

לְאָן?		去哪儿？

外来语 מילים לועזיות

אֶלֶקְטְרוֹנִיקָה	(נ.)	电子学

מָתֵמָטִיקָה	(נ.)	数学
סְטוּדֶנְט	(ז.) סְטוּדֶנְטִית(נ.)	学生
סָלָט	(ז.)	沙拉
קוֹקָה קוֹלָה	(נ.ר.ס)	可乐
שׁוֹקוֹלָד	(ז.)	巧克力
אוֹ קֵיי		好

שמות מקומות 地名

מִצְרַיִם	埃及
מֶקְסִיקוֹ	墨西哥
סִין	中国
עִירָק	伊拉克
קֶנְיָה	肯尼亚
טוֹקְיוֹ	东京
יְרוּשָׁלַיִם	耶路撒冷

שונות 其他

אוּלַי	可能
מַה נִשְׁמָע?	你怎么样?
מְצוּיָן ת"פ	很好
נָעִים מְאוֹד	很高兴见到你
סְלִיחָה	对不起/请原谅
עוֹשֶׂה חַיִּים	玩得开心
קְצָת	一点儿
רַק	只是

注 释

1. 希伯来文的主谓语必须是性、数一致。如果主语是阳性单数，谓语也必须是阳性单数。

רון לומד סינית. גם דליה לומדת סינית.

סטודנטים לומדים. גם סטודנטיות לומדות.

2. לְ在希伯来文中有多种意思，本课涉及的只是表示方向的介词。

לאן אתה? לסרט.

לאן אתם? לטוקיו.

יחידה 5 האלף בית

◀ עיצורים 辅音

בּ	-	b
כּ	-	k
פּ	-	p

◀ מילים 单词

אַבָּא	'aba	מִשְׁפָּחָה	mishpaha
אוּלְפָּן	'ulpan	סוּכָּר	sukar
אֵין	'ein	סוּפֶּרְמַרְקֶט	supermarqet
אֶשְׁכּוֹלִית	'eshkolit	עוֹלָם	‘olam
בְּ.../בַּ...	be.../ba...	עַל	‘al
בַּיִת	bayit	פֹּה	po
בַּנָנָה	banana	פּוֹלִיטִיקָה	politiqa
בְּסֵדֶר	beseder	פּוֹלָנִית	polanit
הַרְבֵּה	harbe	פּוֹרְטוּגֶזִית	portugezit
יַפָּנִית	yapanit	תֵּאַטְרוֹן	te'atron
יֵשׁ	yesh	תַּפּוּז	tapuz
כֵּן	ken		
כִּיתָּה	kita		
לְיַד	leyad		
מְדַבֵּר	medaber		
מוּזֵיאוֹן	muze'on		

בּ	=	b	(bet)
כּ	=	k	(kaf)
פּ	=	p	(pe)

.1

א) פּוֹ ✹ בִּי ✹ כָּ ✹ בַּ ✹ פֶּ ✹ כֹּ ✹ בִּי ✹ בֹּ ✹ כִּי ✹ בּוֹ ✹ פּוּ
כָּ ✹ פִּ ✹ בּוֹ ✹ כֹּ ✹ פָּ ✹ בִּי ✹

ב) בַּיִת
כִּיתָה
אוּלְפָּן
סוּפֶּרמַרקֶט

ג)

- אַבָּא, מה נשמע?
- בְּסֵדֶר.
- אימא פֹה?
- כֵּן, היא פה.

.2

רק רגע!

בֶּנִי: מי זה?
פִּינִי: אני.
בֶּנִי: מי זה "אני"?
פִּינִי: פיני.
בֶּנִי: בְּסֵדֶר, רק רֶגַע.

נ. 阴性	ז. 阳性	
מְדַבֶּרֶת מְסַפֶּרֶת	מְדַבֵּר מְסַפֵּר	י. 单数

נ. 阴性	ז. 阳性	
מְדַבְּרוֹת מְסַפְּרוֹת	מְדַבְּרִים מְסַפְּרִים	ר. 复数

.3 א) על

סטודנטים מכל העולם

פּוֹל מאנגליה. הוא מדבר אנגלית.
הוא מדבר על פוליטיקה ועל העולם.

פּוֹלָה מפולין. היא מדברת פולנית.
היא מדברת על הבית ועל המשפחה.

מַריוֹ ואלֶכְּסַנְדֶר מִבְּרָזִיל. הם מדברים פּוֹרְטוּגֶזִית.
הם מדברים על הכֹּל.

לִי ונוֹרִיקוֹ מִיַפָּן. הן מדברוֹת יפנית.
הן מדברות על האולפן ועל הכיתה.

וָאנג וזָ'אנג מסין. הם מדברים סינית
הם מדברים על ישראל ועל סין.

ב) אמרו משפטים דומים. 说类似的句子。

1) שנו את שמות הארצות ואת שמות השפות. 改变国名和语言。

2) השתמשו בשמות הגוף. 使用独立人称代词。

אתה / את / הוא / היא / אתם / אתן / הם / הן

.4

א) יש...?

- יש גלידה?
- יש מיץ?
- יש שוקולד?
- יש לחם?
- יש סיכר?
- יש מים?

ב) ענו על השאלות עם המילה "יש": 用"יש"回答问题。

דוגמה: - יש מים?

- כן, יש.

5. א) כתבו את תשובות המוכרים לשאלות שבתרגיל 4.

写出练习 4 中售货员的回答。

אין

דוגמה: אין לחם!

אין______ אין______

אין______ אין______

אין______ אין______

ב) כתבו שאלות ותשובות כמו 4, ו- 5 א) עם שמות עצם אלה:

用以下名词写出练习 4 和 5a 的提问和回答。

מיץ, תפוזים, בננות, לחם, חלות, יין, מים

דוגמה: יש לחם?

כן, יש לחם.

לא, אין לחם.

6. א) בְּ... לְיַד

מכתבים

סין

שלום דליה,

מה נשמע?

אני בסין. אני גר בייג'ינג ואני לומד סינית באוניברסיטה.

יש פה הרבה סטודנטים מכל העולם.

בייג'ינג מאוד יפה. יש בבייג'ינג תאטרון, וגם מוזיאון, ויש הרבה אוניברסיטאות.

להתראות, רון.

ישראל

שלום רון,

מה נשמע? אני בסדר.

אני בישראל. אני גרה בתל אביב. אני עובדת במסעדה ליד האוניברסיטה.
יש בתל אביב תאטרון, מוזיאון וגם שמש וים.
גם פה יש הרבה סטודנטים מסין.

להתראות, דליה.

ג) השלימו את הטבלה לפי המכתבים של רון ושל דליה.
根据רון和דליה的信完成下列表格。

	יש	אין
בבייג'ינג	ים	אוניברסיטה
בתל אביב	אוניברסיטה	ים

7. אמרו משפטים. 用下列词语组成句子。

טוקיו		אנגליה
פריז		פורטוגל
ירושלים		צרפת
בוסטון	ב	ישראל
לונדון		יפן
בייג'ינג		אמריקה
ליסבון		סין

דוגמה: *בייג'ינג בסין.*

8. סדרו את המשפטים לשיחה. 把下列句子整理成对话。
את מישראל?/ בי, להתראות/ כן, אני מדברת עברית וגם אנגלית/ הי, שמי וואנג/ כן, אני מישראל. אתה מיפן?/ נעים מאוד, אני דליה/ כן, אני מדבר סינית ואת מדברת עברית?/ אתה מדבר סינית?/ לא, אני מסין

- הי שמי וואנג.

9. השלימו את המילים החסרות. 填写合适的词汇。
נעים מאוד

יעל: שלום.

רון: _____.

יעל: אני יעל. ו_____?

רון: אני רון.

יעל ורון: _____.

יעל: מאין אתה?

רון: אני מישראל. ו_____?

יעל: אני מסין.

רון: את _____ סינית?

יעל: כן. _____ אתה לומד?

רון: אני _____ לומד, אני מלמד.

יעל: להתראות.

רון: _____.

10. א)

מה יש בַּסָלָט?

- שלום, מה אתה רוצה?
- אני רוצה סלט.
- יש הרבה סלט. הינה הסלט.
- מה יש בסלט?
- יש תפוז ואשכולית.
- אשכולית?
- אה...לא, סליחה. אין אשכולית בסלט. יש בננה, ויש קצת יין.
- יש סוכר בסלט?
- כן, לא הרבה.

? מה יש בסלט?

ב) שאלו זה את זה וענו כמו בשיחה בתרגיל 9 א.

用下列单词相互提问和回答，对话形式类似练习9a。

✱ מה יש בסופרמרקט?
✱ מה אין בסופרמרקט?

השתמשו במילים: טלוויזיה, וידאו, מיץ, לחם, מים

11. אמרו משפטים כרצונכם מהטבלה. 用下列词语自由搭配组句。

	מים	בתל אביב
יש	תלמידים	בסופרמקקט
	מורים	בכיתה
אין	תיאטרון	בבית
	ים	בבייג'ינג

דוגמה: יש ים בתל אביב.

אז יללה, ביי!

כתבו את סופי השיחות והשתמשו ב: אוי ,וי, אתה עושה חיים, אה? או: אז יללה ביי! 用所给句子续写对话结尾。

- הי, אחי, מה נש?
- סבבה!
- __________
- הי, אחי נש?
- בסדר.
- __________

- הי, אחי, מה נש?
- על הפנים!
- __________

词汇表 אוצר המילים

动词 פעלים

מְדַבֵּר		说，谈论
עוֹבֵד		工作

名词 שמות עצם

אַבָּא	(ז.), אָבוֹת	父亲
אוּלְפָּן	(ז.)	工作室（乌尔潘）

אֶשְׁכּוֹלִית	(נ.), אֶשְׁכּוֹלִיּוֹת	柚子
בַּיִת	(ז.), בָּתִּים	房子，家
יַפָּנִית	(נ. ר. 0)	日语
כִּיתָּה	(נ.)	教室
מִשְׁפָּחָה	(נ.)	家庭
עִבְרִית	(נ. ר. 0)	希伯来语
עוֹלָם	(ז.), עוֹלָמוֹת	世界
פּוֹלָנִית	(נ. ר. 0)	波兰语
פּוֹרְטוּגֶזִית	(נ. ר. 0)	葡萄牙语
תַּפּוּז	(ז.)	橙子

מיליות 小品词

בְּ...	在
לְיַד	在……旁
עַל	在……上，关于

שונות 其他

אֵין	没有
בְּסֵדֶר	好的
הַכֹּל	所有
הַרְבֵּה	很多
יֵשׁ	有
כָּל הָעוֹלָם	全世界
כֵּן	是的
פֹּה	这里

שמות מקומות 地名

אַרְצוֹת הַבְּרִית	美国
בּוּאֶנוֹס אַיְירֶס	布宜诺斯艾利斯
בּוֹסְטוֹן	波士顿
בֵּייגִ'ינג	北京
בֶּלְגְיָה	比利时
בְּרָזִיל	巴西

בְּרִיסֶל	布鲁塞尔
דֶּנְמַרְק	丹麦
וַרְשָׁה	华沙
יַפָּן	日本
לִיסַבּוֹן	里斯本
פּוֹלִין	波兰
פּוֹרְטוּגָל	葡萄牙
פֶּרוּ	秘鲁
קוֹפֶּנְהָגֶן	哥本哈根

外来语 מילים לועזית

בַּנָנָה	(.נ)	香蕉
מוּזֵאוֹן	(.ז)	博物馆
סוּכָּר	(.ז)	糖
סוּפֶּרְמַרְקֶט	(.ז)	超市
פּוֹלִיטִיקָה	(.נ. ר. 0)	政治
תֵּאַטְרוֹן	(.ז)	剧院

注 释

在现代希伯来文中有三个字母有两种发音方法，这些字母是：בּ, כּ, פּ。当这些字母具备下列条件时，发 b, k, p：

（1）字首，如: בַּיִת – bayit, כִּיתָּה- kita, פֹּה- po

（2）שווא נח之后，如：אֻלְפָּן- ul-pan, הַרְבֵּה- har-be, אֶשְׁכּוֹלִית- esh-kolit

这三个字母在以上两种情况下，字母中所带的点称为发音点。

יחידה 6 האלף בית

◀ עיצורים 辅 音

ב - v

כ - k

פ - f

◀ מילים 单 词

אֲבוֹקָדוֹ	'avoqado	מַה שלוֹמךָ?	ma shlomka
אֲבָל	'aval	מַה שְׁלוֹמֵךְ?	ma shlomek
אוֹהֵב	'ohev	מוּזִיקָה	muziqa
אוּנִיבֶרְסִיטָה	'universita	מַזָּל טוֹב	mazal tov
אִינְטֶרְנֶט	'internet	מַחְשֵׁב	mahshev
אֵיפֹה	'eifo	מִכְתָּב	miktav
בָּא	ba	מָלוֹן	malon
בְּבַקָּשָׁה	bevaqasha	סֵפֶר	sefer
בּוֹקר טוֹב	boqer tov	סְפָרַדִּית	sfaradit
בַּנְק	banq	עִבְרִית	‘ivrit
בָּרוּךְ הַשֵּׁם	baruk hashem	עַכְשָׁיו	‘akshav
בָּרוּךְ הַבָּא!	baruk haba	עֶרֶב טוֹב	‘erev tov
הוֹלֵךְ	holek	עֲרָבִית	‘aravit
חָלָב	halav	פָלָאפֶל	falafel
טוֹב	tov	פְּרוֹפֶסוֹר	profesor
יוֹפִי!	Yofi	צָרְפָתִית	tsarfatit
כּוֹתֵב	kotev	קוֹרֵא	qore

ב = v (vet)

כ = k (kaf)

第六单元

פ = f (fe)

1. (א)

בְּבַקָשָׁה!
יוֹפִי, תוֹדָה!
מַזָל טוֹב!
עֶרֶב טוֹב!
בּוֹקֶר טוֹב!

(ב)

מַחְשֵׁב
מִכְתָב
סֵפֶר
קָפֶה

2. (א)

מה אתה אוֹהֵב? מה את אוֹהֶבֶת?

אני אוהב ספרים.
אני אוהב תה.
אני אוהב קפה.
אני לא אוהב קפה.
אני לא אוהב פלאפל.

(ב) **שאלו זה את זה וענו.** 相互提问并回答。

* מה אתה אוהב?   * מה אתה לא אוהב?
* מה את אוהבת?   * מה את לא אוהבת?
* מה אתם אוהבים?   * מה אתם לא אוהבים?

3. (א)

איפה אימא?

הילד: איפה אימא?
אבא: אימא לא פה.
הילד: מי פה?

אבא: אני פה. מה אתה רוצה?
הילד: אני רוצה חלב.
אבא: אין חלב בבית.

ב) סדרו את המשפטים לשיחה. 把下列句子整理成对话。
איפה הוא לומד?/פה./ זה רון./ מה הוא עושה?/ מי זה? /הוא לומד.

4. חברו את שני החלקים למשפטים הגיוניים. 把两部分连接成一个合理的句子。

אֲבָל

רון עובד בסין,		אין פה ים.
אני אוהב ים,		התלמידים לא באים.
יש פה מחשב,	אבל	הוא לא מדבר סינית.
מיכאל אוהב שיר		הוא לא עובד.
אנחנו לומדים בבייג'ינג,		הוא לא שר.
המורה בא לכיתה,		אנחנו לא תלמידים סיניים.

דוגמה: *רון עובד בסין, אבל הוא לא מדבר סינית.*

5. סדרו את המילים למשפטים. 把下列单词整理成句。
סין / רון / ועל / מדבר / ישראל / על /
דוגמה: *רון מדבר על סין ועל ישראל.*

א. יש / העולם / מכל/ בביג'ינג / סטודנטים/
ב. יש / האוניברסיטה / ליד / סופרמרקט /
ג. לומדת / רון / סינית / עובד / ודליה / בבייג'ינג /
ד. אתם / סליחה / מה / רוצים /
ה. פה / מה / עושים / הם /
ו. האוניברסיטה / סליחה / איפה /
ז. סינית / לא / הוא / מדבר /
ח. אוהב / רון / קפה / חלב / עם /

ך = k̄ (k̄af sofit)
ף = f (fe sofit)

6. בָּרוּךְ וְיוֹסֵף, בְּרוּכִים הַבָּאִים!

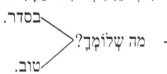

- מה שְׁלוֹמְךָ? ← בסדר. / טוב.

- מה שְׁלוֹמֵךְ? ← טוב מאוד. / תודה.

7. א) סמנו ✓ ליד המשפטים הנכונים לפי רשימת הסטודנטים בכיתה א'.

根据一年级学生的名单在正确的句子边上打勾。

1) רינה כהן מארצות הברית.
2) ברוך לוי לא מרוסיה.
3) יוסף סלומון מספרד.
4) אברהם ישראל מאתיופיה.
5) יעקב סמית מצרפת.
6) רות קליין ממקסיקו.
7) חנה רבינוביץ לא ממצרים.
8) מרים שטיין מאנגליה.

שם	עיר
ברוך לוי	מוסקבה
רינה כהן	בוסטון
מרים שטיין	לונדון
יעקב סמית	אמסטרדם
חנה רבינוביץ	טהרן
אברהם ישראל	אדיס-אבבה
יוסף סלומון	איסטנבול
רות קליין	יוהנסבורג

ב) שאלו את הסטודנטים בכיתה מאין הם וכתבו את יומן הכיתה שלכם.

问班上同学来自哪里，并列出全班同学的名单。

8. בְּרוּכָה הַבָּאָה

דליה: הלו? רון? רון כהן?

רון: כן, מי זאת?

דליה: דליה.

רון: שלום דליה, מה שלומך?

דליה: מצוין.

רון: את בישראל?

דליה: לא, עכשיו אני בבייג'ינג.

רון: אהה! ברוכה הבאה! מה את עושה פה?

דליה: אני לומדת פה.

רון: מה את לומדת?

דליה: אני לומדת סינית.

רון: איפה את לומדת?

דליה: אני לומדת באוניברסיטה.

רון: גם אני עובד באוניברסיטה.

? **מה עושה רון בבייג'ינג?**

התאימו. 匹配。

מי?	מה?
אַלְבֶּרט אַיינְשטֵיין	כִּימָאִית
בָּרוּךְ שְׁפִּינוֹזָה	פּוֹלִיטִיקַאי
יוֹהָן סֶבַּסְטְיַאן בָּאךְ	פִּילוֹסוֹף
מָארִי קִירִי	פּוֹלִיטִיקָאִית
אַבְרָהָם לִינְקוֹלְן	פִּיזִיקַאי
גוֹלְדָה מֵאִיר	מוּזִיקַאי

9. כתבו את שם השפה במשפט המתאים. 把语言名称填写在合适的句中。

סינית ✹ עברית ✹ ערבית ✹ אנגלית ✹ יפנית ✹ רומנית

דוגמה: *הוא בא ממצרים, הוא כותב "שלום" בערבית.*

א. הוא בא מיפן, הוא כותב "שלום" ב__________

ב. הוא בא מסין, הוא כותב "שלום" ב__________

ג. הוא בא מרומניה, הוא כותב "שלום" ב__________

ד. הוא בא מישראל, הוא כותב "שלום" ב__________

ה. הוא בא מאמריקה, הוא כותב "שלום" ב__________

10. א) מכתבים

1) בתל-אביב

- יפה, מה את עושה עכשיו, את לומדת?
- לא. אני כותבת מכתב ליוסף.
- איפה הוא?
- בבייג'ינג.

2) בבייג'ינג

- יוסף, מה אתה עושה?
- אני קורא מכתב של יפה.
- איפה היא?
- היא בתל-אביב.

	ז.阳性	נ.阴性
י.单	קוֹרֵא	קוֹרֵאת
ר.复	קוֹרְאִים	קוֹרְאוֹת

3) בָּאִינְטֶרְנֶט   לאן?   לַשיעור

שלום יפה, מה שְׁלוֹמֵךְ?

אני בָּאוּנִיבֶרְסִיטָה, אני הולך עכשיו

לַשיעור של פְּרוֹפֶסוֹר שָׁך.

דְּרִישַׁת שָׁלוֹם לַמִּשְׁפָּחָה.

אוהב מאוד גם בָּאִינְטֶרְנֶט.

להתראות, יוסף.

איפה יפה ואיפה יוסף?

11. א) מאין אתם באים? מאין? מֵהָאוניברסיטה.

- דליה, מאין את באה?
- אני באה מֵהַסופרמרקט.

- רון, מאין אתה בא?
- אני בא מֵהַבית.
- יעל וזיו, מאין אתם באים?
- אנחנו באים מֵהֲאוניברסיטה.

ב) לאן אתם הולכים?

- מיכאל, לאן אתה הולך?
- אני הולך לַשיעור של פרופסור כוהן.
- יעל, לאן את הולכת?
- אני הולכת לַכיתה.
- התלמידים, לאן אתם הולכים?
- אנחנו הולכים לַאוניברסיטה.

12. מאין ולאן?

א) אמרו משפטים לפי הדוגמה. 按照例句说出下列句子。

דוגמה: *רון הולך מהדירה לכיתה.*

הבית← הים הבנק← המסעדה האוניברסיטה←הסופרמרקט המלון←התאטרון

ב) הוסיפו עוד משפטים כרצונכם. 按照例句增写若干句子。

מה הוא עושה שם?

דוגמה: *הם לומדים באולפן.*

אז יאללה,ביי!

- מה הולך?
- ככה ככה.

- מה שלומך?
- ברוך השם!

- מה נשמע?
- יופי!

词汇表 אוצר המילים

动词 פעלים

爱，喜欢	אוֹהֵב
来	בָּא
走，去	הוֹלֵךְ
写	כּוֹתֵב
读	קוֹרֵא

名词 שמות עצם

牛奶	(ז.ר.0.)	חָלָב
电脑	(ז.)	מַחְשֵׁב
信	(ז.)	מִכְתָּב
旅馆，饭店	(ז.), מְלוֹנוֹת	מָלוֹן
书	(ז.), סְפָרִים	סֵפֶר
西班牙语	(נ.ר.0)	סְפָרַדִית
阿拉伯语	(נ.ר.0)	עֲרָבִית
法语	(נ.ר.0)	צָרְפָתִית
课	(ז.)	שִׁיעוּר

其他 שונות

请		בְּבַקָשָׁה
早上好		בּוֹקֶר טוֹב!
上帝保佑		בָּרוּךְ הַשֵׁם
欢迎		בָּרוּךְ הַבָּא!
问候		דְרִישַׁת שָׁלוֹם
好		טוֹב ת"פ
很好		יוֹפִי! מ"ק
很		מְאוֹד ת"פ
你好吗？（阴性）	(נ.)	מַה שְׁלוֹמֵךְ?
你好吗？（阳性）	(ז.)	מַה שְׁלוֹמְךָ?
现在		עַכְשָׁיו ת"פ
晚上好		עֶרֶב טוֹב

外来语　מילים לועזיות

大学	(נ.), אוּנִיבֶּרְסִיטָאוֹת	אוּנִיבֶּרְסִיטָה
鄂梨	(ז.)	אָבוֹקָדוֹ
互联网	(ז.)	אִינְטֶרְנֶט
银行	(ז.)	בַּנְק
音乐	(נ.)	מוּזִיקָה
素丸子	(ז.)	פָלָאפֶל
教授	(ז.)	פְרוֹפֶסוֹר
咖啡	(ז.ר.0)	קָפֶה

疑问词　מילות שאלה

哪里？		אֵיפֹה?

小品词　מיליות

但是	אֲבָל

地名　שמות מקומות

埃塞俄比亚	אֶתְיוֹפְיָה
西班牙	סְפָרַד
法国	צָרְפַת
俄罗斯	רוּסְיָה
亚的斯亚贝巴	אָדִיס אַבָּבָה
北京	בֵּייגִ'ינְג
海法	חֵיפָה
雅法	יָפוֹ
特拉维夫	תֵל-אָבִיב

注　释

1. 字母 ב, כ, פ ---v, k, f 出现在下列两种情况下：
   （1）在元音之后：

	'ivrit	עִבְרִית
	miktav	מִכְתָב
	sefer	סֵפֶר

（2）在词尾：

halav	חָלָב
Ma shlomek?	מַה שְׁלוֹמֵךְ?

2. אני הולך לַשיעור של פרופסור כוהן

这里实际上省略了一个冠词הַ，因为科恩教授的课是确指的，应该是לְהַשיעור，但是，在希伯来文中不能这样表达，在这里介词ל接受了冠词的元音，成为לַשיעור。

יחידה 7 האלף בית

◀ עיצורים 辅 音

ג' - g

ז' - ž

צ' - ch

◀ מילים 单 词

אָז	'az	קוֹנְצֶ'רְטוֹ	qoncherto
אַחַת	'ahat	קֶטְשׁוֹפּ	qetshop
אַחַת עֶשְׂרֵה	'ahat esre	רֶבַע	reva
אֵיזֶה מַזָּל!	'eize mazal	שֶׁבַע	sheva
אַרְבַּע	'arba	שָׁלוֹשׁ	shalosh
חֲדָשׁוֹת	hadashot	שְׁמוֹנֶה	shmone
חָמֵשׁ	hamesh	שָׁעָה	sha ‘a
חֵצִי	hetsi	שָׁעוֹן	sha ‘on
יוֹדֵעַ	yode ‘a	שֶׁקֶט	sheqet
סוֹנָטָה	sonata	שֵׁשׁ	shesh
סִינִית	sinit	שְׁתַּיִם	shtayim
סֶנְדְוִויץ'	sendvitch	שְׁתֵּים עֶשְׂרֵה	shteim ‘esre
עֶשֶׂר	‘eser	תֵּשַׁע	tesha
צִ'יפְּס	chips		
צֶ'כִית	chekit		
צֶ'מְבָּלוֹ	chembalo		

ג' = g

ז' = ž

צ' = ch

1. התאימו בין השמות בטור 1 לשמות החיבה בטור 2.

使第一行的名字和第二行的昵称相符。

מי הוא מי?

1	2
רָחֵל	ג'וֹשׁ
יוֹנָתָן	דֶבִּי
יוֹסֵף	רֵייצֶ'ל
יַעֲקֹב	אֶוָוה
חַוָּה	אָנָה
שִׁמְשׁוֹן	אֶלִיזָבֶת
יִרְמְיָהוּ	ג'וֹן
שְׁמוּאֵל	סִימְפְּסוֹן
חַנָּה	מַייקֶל
דְבוֹרָה	ג'וֹזֶף
מִיכָאֵל	גֶ'רֶמִי
יְהוֹשֻׁעַ	גֶ'ק
אֱלִישֶׁבַע	סֶם

2. אמרו באיזו יבשת כל מקום. 说出每个地方在哪个洲。

איפה זה?

צִ'ילֶה מַנְצ'וּרְיָה צַ'ד רִיוֹ דֶה זָ'נֶרוֹ מַנְצֶ'סטֶר אַלְגִ'ירְיָה לוֹס אַנגֶ'לֶס
צֶ'כְיָה

בְּ- אֵירוֹפָּה אַסְיָה אֲמֶרִיקָה אפרִיקָה אוֹסְטְרַלְיָה

סִין *צַ'ד*

דוגמה: *סין באסיה*

3. א) הוא מסין. הוא יודע סינית.

היא מצ'כיה. היא יודעת צ'כית.

הם מצ'ילה. הם יודעים ספרדית.

הן מאלג'יריה. הן יודעות ערבית.

阴性.נ	阳性.ז	
יוֹדַעַת	יוֹדֵעַ	单.י
יוֹדְעוֹת	יוֹדְעִים	复.ר

ב) **שאלו זה את זה וענו.** 相互提问并回答问题。

אתה יודע ספרדית?

את יודעת רוסית?

היא יודעת צ'כית?

אתם יודעים ערבית?

הן יודעות צרפתית?

אז יאללה, ביי!

צ'יק צ'ק

צ'יק צ'ק ויש סלט.

אני עושה עוגה ב צ'יק צ'ק

צ'יק צ'ק אנחנו באילת.

במחשב זה צ'יק צ'ק.

4. מה השעה? (1)

א.

- סליחה, מה השעה?
- שתיים.
- תודה.

ב.

- סליחה, אולי אתה יודע מה השעה?
- לא.

ג.

- ילד, מה השעה?
- רגע, אה...סליחה, השעון לא בסדר.

ד.

- אבא, מה השעה?
- שתים עשרה.

ה.

- יוסי, אתה יודע מה השעה?
- אוי! שמונה...

ו.

- מה השעה?
- שלוש.
- איזה מזל! השיעור בארבע.

12-1 (נ.)

1) אַחַת
2) שְׁתַּיִים
3) שָׁלוֹשׁ
4) אַרְבַּע
5) חָמֵשׁ
6) שֵׁשׁ
7) שֶׁבַע
8) שְׁמוֹנֶה
9) תֵּשַׁע
10) עֶשֶׂר
11) אַחַת עֶשְׂרֵה
12) שְׁתֵּים עֶשְׂרֵה

5. א)

1)

- סליחה, מה השעה?
- ארבע וחצי.

2)

- מה השעה?
- שעה וחצי.

3)

- סליחה, אולי אתה יודע מה השעה?
- כן, רבע לחמש.

ב) שאלו מה השעה וענו. 相互问时间并回答。

ג) אמרו וכתבו את השעה. 说并写出下列时间。

1:15 2:45 04:00 10:15 11:30

6. א)

1)

- אולי אתה יודע מה השעה?
- שתיים עשרה ורבע.
- מה? שתים עשרה ורבע? אוי, לא!
- רגע, סליחה, אחת עשרה ורבע.
- יופי. תודה. איזה מזל!

2)

- דני, מה השעה?
- מה?
- אתה יודע מה השעה?
- כן. אני יודע.
- נו...
- אה, כן, עשר וחצי.
- טוב, אז להת'.

3)

- טוב, אז אני הולך.
- מה השעה?
- רבע לשמונה.
- אז גם אני הולך.

4)

- מה השעה?
- שש וחצי.
- יש עכשיו חדשות בטלוויזיה.
- אה, כן.
- אז ששש... שקט!

(5

- מה השעה עכשיו?
- איפה?
- בישראל.
- בישראל רבע לארבע.
- ומה השעה באנגליה?
- רבע לשתיים.
- תודה רבה.

ב) כתבו את השיחות בתרגיל 6 א). שנו את השעות כרצונכם.

写出练习 6a 对话，并可以随意改动时间。

אז יאללה, ביי!

ב.

- דינה, מה השעה?
- רבע ל...

- דויד, מה השעה?
- וחצי.
- רק? אז זה בסדר.

词汇表 אוצר המילים

动词 פעלים

יוֹדֵעַ		知道

名词 שמות עצם

חֲדָשׁוֹת	(נ.ר)	新闻
חֵצִי	(ז.), חֲצָאִים	半
רֶבַע	(ז.), רְבָעִים	一刻，四分之一
שָׁעָה	(נ.)	小时
שָׁעוֹן	(ז.), שְׁעוֹנִים	钟，表
שֶׁקֶט	(ז.ר.0)	安静

其他 שונות

אָז	当时，那么
אֵיזֶה מַזָּל!	多有运气！
מַה הַשָּׁעָה?	几点？

外来语 מילים לועזיות

סוֹנָטָה	(נ.)	奏鸣曲
סֶנְדְוִויץ'	(ז.)	三明治
צִ'יפְּס	(ז.)	炸土豆条
צֶ'כִית	(נ.)	捷克语
צֶ'לוֹ	(ז.)	大提琴
צֶ'מְבָּלוֹ	(ז.)	大键琴
קוֹנְצֶ'רְטוֹ		协奏曲
קֶטְשׁוֹפּ	(ז.ר.0)	番茄沙司

注　释

צ' ，ז' ，ג' 不存在于古希伯来文中，在现代希伯来文中专用于外来语的发音。

פסק זמן 1

.1 א) הִילֵל

מי אני? אני הילל. זה הַתַנַ"ךְ. זאת הַמִשְׁנָה. זה הַתַלמוּד.
אלה הספרים של הרַמבָּ"ם וזה המַחשֵב.
זאת המשפחה. זאת האישה, רחל, ואלה הילדים והילדות:
אַבְרֵימָלֶה, אִיצִיק, יַענקָלֶה, שָׂרָהלֶה ולֵאָהלֶה.
מה אני עושה? אני לומד, לומד ולומד. אני תלמיד כל החיים.
מה הילל עושה?

.2 אמרו וכתבו – זה או זאת. אחר כך אמרו כל משפט ברבים והשתמשו ב- אלה.

首先在下列句中填写**זה או זאת**，然后用**אלה**说出复数。

דוגמה: *זה תלמיד. אלה תלמידים.*

1) ______מוֹרָה.
2) ______בננה.
3) ______מחשב.
4) ______אולפן.
5) ______תפוז.
6) ______עוגה.
7) ______בית.
8) ______מסעדה.
9) ______מכתב.
10) ______חלה.
11) ______לימון.
12) ______ילדה.
13) ______דגל.
14) ______ספר.

15) ______מתנה.

16) ______סנדוויץ'.

3. דן

מי אני? אני דן. אני מקיבוץ דגניה, אבל עכשיו אני גר בתל אביב.
בתל אביב יש הכול, יש מסעדות ויש קפטריות, יש מוזאונים ויש דיסקוטקים, יש קונצרטים ויש תאטרון, אבל אין שקט. אני לא אוהב שקט.
בתל אביב יש אנשים מכל העולם. באוניברסיטה יש ספרים מכל העולם וגם בסופרמרקט יש הכול מכל העולם.
מה אני עושה? אני לא יודע מה אני עושה. אני עושה חיים.
מה יש בתל אביב?

4. שאלו זֶה את זֹה וענו. 相互提问并回答。

1) יש לך חברים בסין?
2) יש לך הרבה ספרים?
3) יש לך זמן לקפה?
4) יש לך עבודה?
5) יש לך כסף?
6) יש לך טלוויזיה?
7) יש לך טלפון?
8) מה אין לך בסין ואתה מאוד רוצה? למה?

5. דינה

מי אני? אני לא את ואת לא אני. מי אני? אני לא יודעת. את יודעת מי את? ואתה יודע מי אתה? אני לא יודעת מי אני, ואני לא יודעת מה אני. אבל אני חברה של כולם.
אני חברה של דני. הוא לומד באוניברסיטה, והוא יודע הכול.
אני חברה של יעל. היא גרה ליד הים. היא עושה מדיטציה ויוגה.
אני חברה של מיכל ותמר. אנחנו עושים פיקניקים, משהו משהו!
אני חברה גם של יעקב ורחל. איפה הם? הם לא פה עכשיו. הם בכל העולם, בהודו, בטיבט, בהונולולו, בזנזיבר, באתיופיה... שם הם לומדים מי ומה הם.
על מה אני מדברת עם חברים? על החיים.
מה אתם יודעים על דינה?

6. אמרו את הנטייה בהווה של הפעלים האלה: 说出下列动词现在时的变化。

נ.ר.	ז.ר.	נ.י.	ז.י.
אנחנו /אתן /הן	אנחנו /אתם /הם	אני /את /היא	אני /אתה /הוא
לומדות	לומדים	לומדת	לומד

וגם: הולך, כותב

כאשר אחד מעיצורי השורש הוא עיצור גרוני, יש שינויים בהגייה:
当词根的某个字母是辅音时，发音会发生变化。

אוֹהֵב, אוֹהֶבֶת, אוֹהֲבִים, אוֹהֲבוֹת / קוֹרֵא, קוֹרֵאת קוֹרְאִים קוֹרְאוֹת /יוֹדֵעַ, יוֹדַעַת, יוֹדְעִים יוֹדְעוֹת.

עוֹשֶׂה עוֹשָׂה עוֹשִׂים עוֹשׂוֹת
וגם – רוֹצֶה, שׁוֹתֶה

גָּר גָּרָה גָּרִים גּרוֹת
וגם – בָּא, שָׁר

מְדַבֵּר מְדַבֶּרֶת מְדַבְּרִים מְדַבְּרוֹת

7. השלימו את שמות הגוף: אני, אתה, את, הוא, היא, אנחנו, אתם , אתן, הם, הן.
填写独立人称代词。

דוגמה: - *חנה, את לומדת עכשיו?*
- *לא. אני מדברת בטלפון.*

1) - דני, מה___עושה?
- ___ עושה חיים.

2) - יוסי ודויד,___ מדברים עברית?
- לא, אבל___מדברים אנגלית, גרמנית, צרפתית, רוסית ויפנית.

3) - רחל ויעל,___ גרות בירושלים?
- כן.___ גרות פה.

4) - דויד לומד באוניברסיטה?
- לא.___ לומד מהחיים.

5) - שרה מורה או תלמידה?
- ___ גם מורה וגם תלמידה.
6) - הילדים שותים יין?
- לא___שותים מיץ.
7) - מה רינה ורחל עושות שם?
- מה___עושות? אני לא יודע, או יוגה, או מדיטציה, או...

8. כתבו את הפעלים המתאימים. 填写合适的动词。

א) דויד וחנה

כותבים / קוראים / גרים / מדברים / באים / לומדים /

דויד וחנה מישראל. עכשיו הם גרים בבייג'ינג. הם___לאולפן ו___שם סינית. הם___מכתבים למשפחה בעברית וגם___ספרים בעברית. הם___עם החברים באנגלית, בעברית ואולי קצת בסינית.

ב) הִנֵּה מַה- טּוֹב וּמַה-נָּעִים שֶׁבֶת אַחִים גַּם יָחַד:
(תהילים קלג 1)

שותים / אוהבת / הולכת / עושים / שרים /

רינה___ים. בשבת היא___לים עם חברים, והם___שם פיקניק. בפיקניק הם___ "הנה מה טוב ומה נעים".___יין ומדברים, מדברים.

ג) מה אתם שותים?

יודע / רוצים / אוהבת /

תמר: יוסי, חנה, מה אתם___?
יוסי: קולה, בבקשה.
תמר: חנה, גם את?
חנה: לא, תודה.
תמר: אולי מיץ?
חנה: לא.
תמר: אז מה כן?
חנה: אני לא___.

总结 1   65

9. **סדרו את המילים למשפטים.** 把下列词语整理成句。
שקט / דני / לא אוהבת / ודינה / אוהב / שקט /
מכתבים / ובאוסטרליה / כותב / באמריקה / לחברים / יוסי /
אתם / ואיפה / גרות / אתן / איפה / גרים /?
לומד / הוא / באולפן / האוניברסיטה / של / העברית /
יודעות / ותמר / עברית / צרפתית / וגם / רחל / גם /
וקורא / רמי / בערבית / מדבר / ובספרדית / ספרים /
עושה / מה / בשבת / אתה /?
מהכנסת / הם / למוזאון ישראל / באים / והולכים /

10. רבקה

מי אני? אני רבקה. אני אימא של משה, אברהם, רותי, חנה, יצחק, דני ואהה... אימא של אורי.

מה אני עושה? אני בבית, אני אוהבת טלוויזיה ואני מדברת בטלפון עם חברות. אני לא מדברת על פוליטיקה, ואני לא מדברת על פילוסופיה. אני מדברת רק על הילדים, על המשפחה ועל הבית.

הילדים זה החיים.

מה רבקה עושה? מה היא לא עושה?

11. **כתבו בטקסט את מילות היחס המתאימות:** 在课文中填写合适的介词。
של / על / ל... / ב... / מ... / עם

בקפטריה באוניברסיטה

סטודנטית_____יפן קוראת ספר_____סינית ושותה קפה. סטודנט_____צרפת מדבר_____חבר_____הספרים של עגנון ושותה מיץ. סטודנטיות_____רוסיה קוראות מכתבים_____מוסקווה ושותות מים. סטודנטים_____ארצות הברית כותבים_____מחשב מכתבים_____משפחה ושותים יין.

רק יוסי לא שותה. הוא הולך_____שיעור.

12. א)   גל

מי אני? אני גל. אני ילד. אני הילד של אבא ושל אימא.

מאין אני? מהבית.

איפה אני גר? פה.

לאן אני הולך? לשם.

מתי אני הולך? עכשיו.
מה אני אוהב? גלידה עם שוקולד.
מה אני עושה? אני לא יודע.
מה אתם יודעים על גל?

ב) **שאלו את גל עוד שלוש שאלות.** 再问גל三个问题。

13. א) **כתבו שאלות למילים המודגשות בקו והשתמשו במילות השאלה האלה:**
就加下划线的词语提问。

איפה / לאן / מאין / מה / מי

גל מישראל. הוא <u>מאילת</u>. הוא גר <u>ליד הים</u>. הוא אוהב <u>שוקולד</u>. הוא הולך <u>לכיתה</u>, שם הוא <u>לומד, קורא וכותב</u>.
דוגמה: מאין גל?

ב) **כתבו קטע דומה על גל.** 写一段类似上述的有关גל的短文。

14. **קראתם על הילל, דן, דנה, רבקה וגל. כתבו עכשיו קטע דומה על עצמכם.**
模仿הילל, דן, דנה, רבקה וגל的短文，写一段有关自己的短文。

15. **מה השעה? השעה שמונה.**
תשע ורבע.
השעה רבע לאחת עשרה.
שתים עשרה וחצי.
השעה...

אמרו מה השעה בערים הגדולות בעולם. 说出世界各大城市的时间。

ניו יורק	דבלין	פריז	רומא	תל אביב	מוסקווה
5:00	10:00	12:00	11:00	2:00	13:00
טוקיו	סידני	בייג'ינג			
19:00	20:00	18:00			

16. א) כתבו את המילים החסרות. 填写合适的单词。

שלום דני,

עכשיו אני באולפן של האוניברסיטה, בחיפה. אני ___עברית בכיתה אלף. הסטודנטים בכיתה___ ספר בעברית, ___ מכתבים בעברית ו___ שירים בעברית. רק אני לא יודע עברית. המורה מצוינת. היא מדברת גם אנגלית, ספרדית ויידיש. גם האוניברסיטה___. יש פה מסעדה וקפטריה ויש___ מכל העולם. איפה אתה? מה אתה___? אתה לומד או לא? איפה אתה___ עכשיו, בבוסטון או בניו יורק?

דרישת___ למשפחה.

להתראות,

יוסי

ב) כתבו מכתב תשובה של דני ליוסי. 给יוסי写回信。

17. מילים, מילים

אמרו:

1) 3 מילים שמתחילות ב-ע. דוגמה: עוגה
说出以ע开头的3个单词。

2) 3 מילים שנגמרות ב-ם. דוגמה: שלום
说出以ם结尾的3个单词。

3) 3 מילים שיש בהן 5 אותיות. דוגמה: עברית
说出3个由5个字母组成的单词。

4) 3 שמות עצם עם 3 אותיות. דוגמה: חבר
说出3个由3个字母组成的名词。

אז יאללה, ביי!

(1
- הי, מה נש...?
- על הכֵּיפָק. אני עושה חיים. יאללה ביי!

(2
- שלום, מה שלומך?
- ברוך השם!
- והאישה והילדים?

- ברוך השם, ברוך השם!

(3

- מה נשמע?
- יהיה טוב.
- איך הילדים?
- תודה. כולם בסדר.

(4

- מה שלומך, חמודי?
- מה??
- ואימא, ואבא?
- בסדר.

(5

- אהלן, מה חדש?
- ככה ככה, מה הולך?
- פה, שם.

אוצר המילים 词汇表

שמות עצם 名词

חָבֵר	(ז.) חֲבֵרָה (נ.)	朋友
מִשְׁנָה	(נ.)	密西拿
קִיבּוּץ	(ז.)	基布兹
שַׁבָּת	(נ.)	安息日
תַּלְמוּד	(ז.)	塔木德
תַּנַ"ךְ	(ז.)-	圣经
תּוֹרָה, נְבִיאִים, כְּתוּבִים		

שמות מקומות 地名

הוֹדוּ	印度
הוֹנוֹלוּלוּ	檀香山
זַנְזִיבָּר	桑给巴尔岛
טִיבֶּט	西藏

מילים לועזיות 外来语

דִּיסְקוֹטֶק	(ז.)	迪斯科舞厅
טֶלֶפוֹן	(ז.)	电话
יוֹגָה	(נ.)	瑜伽
מֶדִיטַצְיָה	(נ.)	沉思，冥想
פִילוֹסוֹפְיָה	(נ.)	哲学
פִּיקְנִיק	(ז.)	野餐
קָפֶטֶרְיָה	(נ.)	自助餐厅

שונות 其他

כּוּלָם	全体

שיעור 1

1. א) **מאין אתה?**

רון: שלום, אני רון.
יעל: נעים מאוד. אני יעל. מאין אתה?
רון: אני מאמריקה, אבל עכשיו אני בסין.
יעל: ומה אתה עושה?
רון: אני לומד באוניברסיטה.
יעל: מה אתה לומד?
רון: סינית. ומאין את?
יעל: אני מישראל.
רון: מה את עושה בסין?
יעל: אני מטיילת בסין.

ב) **ענו על השאלות.** 回答下列问题。

(1) מאין רון?
(2) מאין יעל?
(3) איפה הם עכשיו?
(4) מה רון לומד?
(5) מה יעל עושה?

ג) **אמרו את השיחה בין שני סטודנטים.** 两人一组练习对话。

ד) **כתבו שיחה דומה. שנו פרטים כרצונכם.** 写一段类似的对话，可改变细节。

2. **מספרים מונים בנקבה 1-10.** 阴性基数词1-10。

1-10 (נ.)

(1) אַחַת

2) שְׁתַּיִם
3) שָׁלוֹשׁ
4) אַרְבַּע
5) חָמֵשׁ
6) שֵׁשׁ
7) שֶׁבַע
8) שְׁמוֹנֶה
9) תֵּשַׁע
10) עֶשֶׂר

א) 1) סליחה

- הלו? וויליאם?
- לא. אין פה וויליאם.
- זה לא הבית של וויליאם שייקספיר? זה לא 3549174?
- לא. זה 3539175.
- סליחה.
- אין דבר.

2) מודיעין 114

- מודיעין אחת אחת ארבע שלום.
- שלום. את מספר הטלפון של בֵּיידָה בבקשה.
- הינה המספר: 62752114.
- תודה.
- בבקשה.

3) מודיעין 188

- מודיעין אחת שמונה שמונה שלום.
- שלום. את מספר הטלפון של ג'וֹרְג' וג'וֹרְג'ט צֶ'ריקוֹבֶר בְּרִיוֹ דֶה ז'נֶרוֹ, בבקשה.
- רק רגע! הינה המספר: 00-1-55-12-648793.

4) איפה מירה?

- שרה: שלום. מירה?
- דני: לא. זה דני.
- שרה: מירה בבית?
- דני: רק רגע...מירה! אני מצטער. היא לא פה עכשיו.

- שרה: אתה יודע איפה היא?
- דני: אולי היא בבית של פנינה.
- שרה: יש שם טלפון?
- דני: כן.
- שרה: מה המספר?
- דני: 637958.
- שרה: תוֹדה.

ב) אמרו וכתבו את מספרי הטלפון. 朗读并写出下列电话号码。

0 = אֶפֶס

דוגמה: *שש, שתיים, שבע, חמש, שתיים, שתיים, שלוש, שש - 62752236*

1) ארבע, שלוש, שש, אחת,חמש, שלוש, שבע, אפס
2) שש, שש, שבע, שש, שתיים, תשע, שמונה, שש
3) שמונה, שלוש, ארבע, אפס, שש, חמש, שבע, אחת
4) שלוש, אפס, שתיים, שמונה, תשע, אפס, שש, שבע

ג) אמרו וכתבו מספרי טלפון של סטודנטים בכיתה.

说出并写出班上同学的电话号码。

3. א) מתי? ב...

מתי? בַּבּוֹקֶר, בַּצָּהֳרַיִם, בָּעֶרֶב, בַּלַּיְלָה

מתי? בְּאַחַת, בְּשָׁלוֹש, בְּחָמֵשׁ...

אני לומד בַּבּוֹקֶר.

אני הולך לָאוּנִיבֶרְסִיטָה בְּשֶׁבַע.

בַּצָּהֳרַיִם אני בַּבַּיִת.

אני לומד בָּערב. בְּשש אני הולך לָאוניברסיטה.

בַּלילה אני בַּבית.

אני לומד בָּערב.

בַּבוקר אני עובד.

בְּשמונה בַּבּוֹקֶר אני הולך לָאוניברסיטה.

ב) ספרו את התכניות שלכם בכל היום. 讲述你一天的安排。

4. א) רדיו בישראל

בוקר

955 FM

6:00 חדשות : עברית, אנגלית, צרפתית

7:00 פרופסור כץ: שיעור בהיסטוריה

8:00 בארץ ובעולם

9:00 רק שירים

10:30 פרופסור לוין – הפילוסופיה של אריסטו

11:30 חדשות

צהריים

576 AM

12:00 הארכיאולוג בן יוסף: בית בירושלים

13:00 חדשות: עברית, רוסית, ספרדית

13:30 דוקטור ירדני: שבת בירושלים

14:00 שיעור בערבית

ערב

913 FM מוזיקה

19:00 הנדל: סונטה לצ'לו

20:00 בטהובן: סימפוניה מספר 5

רדיו תל אביב

19:30 רוק בתל אביב

21:00 שירים על תל אביב

ב) ענו לפי לוח המשדרים של "רדיו בישראל."

根据以色列电台的节目表回答问题。

דוגמה: - *מתי ברוך לומד ערבית?*

- *בשתיים בצהריים.*

1) מתי ברוך שומע חדשות?

2) מתי יפה שומעת סונטה של הנדל?
3) מתי ילדות שומעות שירים על תל אביב?
4) מתי הן שומעות רוק?
5) מה ברוך שומע בשתים עשרה בצהרים?
6) מה הילדות שומעות בתשע בערב?
7) מתי יש שיעור בהיסטוריה?
8) מתי פרופסור לוין מדברת ברדיו?

ג) שאלו זה את זה עוד שאלות על לוח המשדרים וענו עליהן.
就节目表相互再次提问并回答。

5. מספרים מונים בנקבה ושמות עצם 阴性基数词+名词

1) תלמידה אחת
2) שתי מתנות
3) שלוש סטודנטיות
4) ארבע חנויות
5) חמש טלוויזיות
6) שש מסעדות
7) שבע משפחות
8) שמונה מורות
9) תשע ילדות
10) עשר אשכוליות

6. א) בחרו שם עצם מהרשימה, שאלו זה את זה וענו כרצונכם בעזרת המספרים 1-10. 选择下列名词相互提问，可以用任何数字回答问题。

עוגה, חברה, אשכולית, חנות, כיתה, תלמידה, אישה, ספרייה, משפחה, מורה, חלה.

דוגמה: - *כמה תלמידות?*
- *שתי תלמידות.*

ב) אמרו וכתבו את המספרים. 朗读并写出数字。

1) מה היא קונה? אשכולית <u>אחת</u> 1
_______ בננות 2

2) מה הם קונים?	_______	חלות	3
	_______	מתנות	4
	_______	עוגות	5
	_______	טלוויזיות	6

3) ספרו זה לזה: מה אתם קונים? 相互讲述各自买什么：

7. א)

1) **שֵׁירוּתִים**

- סליחה, איפה השירותים?
- שם.
- איפה?
- יָשָׁר, ישר.
- תודה.

2) **טלפון צִיבּוּרִי** **איך**

- סליחה, יש פה טלפון ציבורי?
- כן, ליד הקפטריה.
- איך **הולכים** לשם.
- ישר וימינה.
- תודה, תודה.

3) **חֲנוּת**

- סליחה, איפה **קונים** פה לחמניות?
- בחנות.
- איפה החנות?
- ישר ושמאלה.
- תודה רבה.
- בבקשה.

4) **אוטובוס**

- סליחה, איך **נוסעים** לביידה?
- באוטובוס 332.
- איפה האוטובוס?
- ישר וימינה, ואז שְׂמֹאלָה.

א.   **כתבו שיחות דומות לשיחות בתרגיל 5 א.** 编写类似练习 5a 的对话。

בשיחות -(1, (2)   -对话 1，2
אמרו - בנק או מסעדה   -说
במקום - שירותים או טלפון ציבורי   -代替

בשיחה - (3   -对话 3
אמרו - חלות או בננות וסופרמרקט   -说
במקום -לחמניות ו- חנות   -代替

בשיחה - (4   -对话 4
אמרו מקום אחר במקום - ביידה   -用另一个地名代替

8. א)   **ענו על השאלות כרצונכם והשתמשו בפעלים שברשימה.**
用下列动词回答问题。

הפעלים: שותים / קוראים / קונים / לומדים / נוסעים /

- מה עושים בסופרמרקט?
- מה עושים בספרייה?
- מה עושים בכיתה?
- מה עושים באוטובוס?
- מה עושים בחנות?

ב)   **שאלו זה את זה וענו.** 相互提问并回答问题。

- מה עושים באולפן?
- מה עושים ומה לא עושים בשבת?

9. **גם וגם**

דינה: סליחה, אתה יודע איפה הספרייה?
דן: כן, זה שם.
דינה: אתה מפה?
דן: כן.
דינה: אז אולי אתה יודע גם איך הולכים למוזיאון ישראל.

דן: כן, אני נוסע לשם עכשיו.
דינה: יופי. גם אני.
דן: רגע, את לא הולכת לספרייה?
דינה: כן, לא, אה... עכשיו אני נוסעת למוזיאון.

דינה: אתה מירושלים?
דן: כן ולא. ואת? את בטח לא מירושלים.
דינה: נכון. אני גרה בתל אביב, אבל אני נוסעת הרבה לירושלים.
דן: אז את לומדת פה?
דינה: לא, אני באה לחברים. ואתה, אתה לומד באוניברסיטה?
דן: לא. אני לא לומד.
דינה: אתה עובד?
דן: כן, קצת, אבל לא בירושלים.
דינה: איפה?
דן: בתל אביב, במוזיאון תל אביב.
דינה: רגע, אז אתה מירושלים או מתל אביב?
דן: גם וגם.
דינה: מה זאת אומרת? אני לא מבינה. איך אתה גם מירושלים וגם מתל אביב?
דן: אֶה...הינה המוזיאון.

מֵבִין
מְבִינָה
מְבִינים
מְבִינוֹת

סיימו את השיחה בדרכים שונות: סוף רומנטי, סוף מפתיע...

用不同的方式续写结尾：浪漫的结尾，令人惊讶的结尾……

אז יאללה, ביי!

הוא עשר!
הוא אפס!

10. 把下列句子译成希伯来文。

（1）
- 你好，我是马丽。
- 很高兴认识你，我是大卫。你是中国人？
- 是的。你呢？
- 我是英国人。你在以色列学习吗？
- 是的，我在以色列学习希伯来文。你呢？
- 我也学习希伯来文。

（2）
- 对不起，北京大学怎么走？
- 一直走，往左拐。
- 谢谢。
- 不客气。

（3）
- 对不起，哪儿能买到茶叶？
- 王府井。
- 怎么去王府井？
- 坐公共汽车 332 路。
- 谢谢。

（4）
- 对不起，请问哪儿有公共厕所？
- 很抱歉，我不知道。

词汇表　אוצר המילים

动词　פעלים

说	אוֹמֵר
理解	מֵבִין
对不起	מִצְטַעֵר
（乘交通工具）去	נוֹסֵעַ
工作	עוֹבֵד

קוֹנֶה		购买
שׁוֹמֵעַ		听

שמות עצם 名词

אֶפֶס	(ז.), אֲפָסִים	零
בּוֹקֶר	(ז.), בְּקָרִים	早晨
חֲנוּת	(נ.)	店
לַחְמָנִיָּה	(נ.)	棍面包
לַיְלָה	(ז.), לֵילוֹת	夜里
מִסְפָּר	(ז.)	数字
סִפְרִיָּה	(נ.)	图书馆
עֲבוֹדָה	(נ.)	工作
עֶרֶב	(ז.), עֲרָבִים	傍晚
צָהֳרַיִים	(ז.ר.)	中午
רְחוֹב	(ז.), רְחוֹבוֹת	街
שֵׁירוּתִים	(ז.ר.)	厕所

שמות תואר 形容词

צִיבּוּרִי		公共的

מילים לועזיות 外来语

אוֹטוֹבּוּס	(ז.)	公共汽车
הָלוֹ		喂，哈罗
אַרְכֵאוֹלוֹג	(ז.)	考古学家
דוֹקְטוֹר	(ז./נ.)	医生；博士
הִיסְטוֹרְיָה	(נ. ר: 0)	历史
סִימְפוֹנְיָה	(נ.)	交响乐
רוֹק	(ז. ר. 0)	摇滚

שונות 其他

אֵין דָּבָר		没关系

当然	ת"פ	בֶּטַח
两者		גַּם וְגַם
向右	ת"פ	יָמִינָה
一直	ת"פ	יָשָׁר
问讯处	(.ז)	מוֹדִיעִין
对	ת"פ	נָכוֹן
向左	ת"פ	שְׂמֹאלָה
二		שְׁתֵּי-

疑问词 מילות שאלה

如何？	?אֵיךְ
多少？	?כַּמָּה
何时？	?מָתַי

注 释

1. 基数词除 1 之外均出现在名词前。数字 1 出现在名词之后。

דוגמה: משפחה אחת
שלוש משפחות

2. 数字 2 以缩略形式出现在名词前。

דוגמה: שתיים – שתי משפחות

3. 无人称句

?איך הולכים לספרייה
?איך נוסעים לירושלים
?איפה קונים לחמניות

这些句中的动词都没有主语，因而成为无人称句，无人称句的动词用阳性复数。

4. 表示方向的名词

ימינה = לימין
שמאלה = לשמאל

在表示方向的名词后加一个表示方向的后缀הָ = 加介词ל，要注意方向后缀和阴性名词标志的区别。

5. 回答疑问句"什么时候……"一般用介词‎ב‎。

מתי אתה הולך לשיעור?
בשמונה אני הולך לשיעור.
מתי אתה לומד?
בערב אני לומד.

שיעור 2

1. מה יש בדירה?

רון: דליה, איפה את גרה?
דליה: אני גרה במעונות. איפה אתה גר?
רון: אני גר ליד האוניברסיטה.
דליה: אתה גר בדירה גדולה?
רון: לא, אני גר בדירה קטנה ונחמדה.
דליה: מה יש בדירה?
רון: יש הכל בדירה. יש מטבח קטן וחדר גדול.
דליה: מה יש בחדר הגדול?
רון: בחדר יש מיטה, שולחן, כיסא וארון.
דליה: מה יש במטבח?
רון: במטבח יש גז, מקרר, מיקרוגל.
דליה: יש מקלחת בדירה?
רון: יש.
דליה: יש סלון בדירה?
רון: אין.
דליה: יש מחשב, טלויזיה וטלפון בדירה?
רון: כן, יש הכל.
דליה: דירה טובה!
רון: דירה חדשה, טובה ויפה.

? מה יש בדירה ומה אין בדירה?

2. התאמה בין שם עצם ובין שם תואר במין ובמספר

名词和形容词之间必须是性一致、数一致。

דוגמה: תלמידים טובים   תלמיד טוב   תלמידות טובות   תלמידה טובה

נ. 阴性	ז. 阳性	
גְדוֹלָה	גָדוֹל	י. 单数
סָה		
גְדוֹלוֹת	גְדוֹלִים	ר. 复数
סוֹת	סִים	

3. **כתוב את שמות התואר: טוב, גדול, קטן, יפה, נחמד, ישן.** 填写合适的形容词。

תלמידה ______

עוגה ______

בתים ______

דירות ______

מטבח ______

ארון ______

מחשב ______

טלויזיות ______

מקלחת ______

ספרים ______

ערב ______

לילה ______

צהריים ______

4. **א) בֵּית טִיכוֹ**

בכל העולם יש בתים-מוזאונים. אלה בתים יפים של אנשים מיוחדים, לְמָשָׁל: הבית של מַרק טוֶוין בארצות הברית, הבית של קלוֹד מוֹנֶה בצרפת או הבית של חיים נחמן ביאליק בתל אביב.

גם בירושלים יש בית-מוזאון, הבית של דוקטור אברהם ואנה טיכו.
בבית יש סָלוֹן גדול. בסלון יש ציורים יפים של אנה טיכו, ציורים של ירושלים-של ההרים, של העֵצים ושל האנשים בירושלים.

בחדר של דוקטור טיכו יש שולחן גדול, השולחן של דוקטור טיכו. יש שם גם חֲנוּכִּיּוֹת עתיקות מכל העולם, החנוכיות של דוקטור טיכו.
יש בבית ספרייה קטנה. בספרייה יש ספרים על ירושלים ועל ישראל. יש בספרייה ספרים ישנים וספרים חדשים. ליד הספרייה יש חנות קטנה ומסעדה נחמדה. במסעדה יש סלטים, סנדוויצ'ים ועוגות.
ליד הבית יש גינה יפה עם עצים גדולים. לפעמים יש בגינה או בבית קונצרטים של מוזיקה קלסית. הרבה אנשים באים לבית טיכו. הם באים למוזאון או לספרייה, לחנות, למסעדה, לגינה או לקונצרטים.

ב) כתבו מה יש בבית טיכו. 写出在**טיכו**家有什么。

1) סלון גדול_____	2) ציורים _____	3) _____ גדול
4) חנוכיות _____	5) _____קטנה	6) _____ ישנים וחדשים
7) חנות _____	8) _____ נחמדה	9) _____ טובות
10)גינה _____	11)_____ גדולים	12) _____ קלסית

ג) כתבו על בית-מוזאון שאתם מכירים 写出你们所知道的博物馆。

- לשמות עצם רבים בזכר יש בצורת הרבים סיומת של נקבה- וֹת
- 有些阳性名词复数取阴性名词复数结尾- וֹת

למשל:
מלון– מלונות, רחוב – רחובות, ארמון – ארמונות, שולחן – שולחנות

- למספר שמות עצם בנקבה יש בצורת הרבים סיומת של זכר- ִים
- 有些阴性名词复数取阳性复数结尾。

למשל: אישה – נשים, עיר – ערים

- שם התואר מותאם למינו של העצם בלי להתחשב בסיומת.
- 形容词无需考虑名词的外在形式，只需和名词本身的性数一致即可。

למשל: מלונות גדולים, נשים יפות

5. א) התאימו שם תואר לשם עצם וכתבו ברבים

填写合适的形容词，并写出名词和形容词的复数形式。

דוגמה: אישה יפה נשים יפות

1) רחוב עתיק

2) ארמון יפה
3) עיר מודרנית
4) מלון ישן
5) חנות נחמדה
6) שולחן גדול
7) חנוכיה עתיקה
8) תלמיד מיוחד
9) תלמידה מצוינת
10) ילד קטן

ב) **הוסיפו שמות תואר** 填写形容词。

חדר קטן ספר ______ אולפן______מלון______
ילדה ______ מורָה______ תלמידה ______
בחורה ______ רחובות______מלונות______שולחנות______
ארמונות______נשים______ ערים______חנויות______
טלויזיות______גלידה______ שיר______ דגל ______ משפחות ______
שירותים______ בית ______ אישה______רחוב______

6. א) - איזה ספר אתה קורא?
- אני קורא ספר של עגנון.
- איזו מוזיקה את אוהבת?
- אני אוהב מוזיקה קלאסית.
- אילו רחובות יש בעיר העתיקה?
- רחובות קטנים ומיוחדים.

	ז. 阳性	ז./נ. 阳性/阴性	נ. 阴性
י.单数	אֵיזֶה		אֵיזוֹ
ר.复数		אֵילוּ	

ב) **כתבו את השאלות** 写疑问句

דוגמה: *אני שותה תה עם לימון.*

איזה תה אתה שותה?

1) באולפן יש תלמידים סיניים.
2) בביג'ינג יש חנויות מודרניות.
3) בירושלים יש בתים עתיקים.
4) אני אוהבת מוזיקה קלאסית.
5) רון קונה דירה ישנה.
6) יעל אוכלת אוכל סיני.
7) באוניברסיטה יש מורות נחמדות.
8) אני אוהב בגדים מיוחדים.

7. א) קיסריה

קיסריה – עיר מיוחדת ליד הים על שֵׁם אוֹגוּסטוּס, קיסר רומא.
קיסריה היא עיר עתיקה. יש שם רחובות קטנים, ארמון גדול של הוֹרְדוּס ואַמְפִּיתֵאַטְרוֹן רומי.

באמפיתאטרון יש היום קונצרטים מיוחדים ולפעמים בָּלֶט או תאטרון מכל העולם.

ליד קיסריה העתיקה יש היום עיר חדשה. שם יש רחובות גדולים, בתים יפים כְּמוֹ ארמונות ומוזאון מיוחד עם ציורים מודרניים.

ב) כתבו לפי הטקסט מה יש בקיסריה. 根据课文写出恺萨利亚有什么。

דוגמה: בעיר העתיקה	בעיר החדשה
ארמון גדול	________

אז יאללה, ביי!

איזה אהבה!

איזה יופי!

איזה חברים טובים!

איזה כיף!

וואו! איזה בית!
כמו ארמון.

8. 把下列句字翻译成希伯来文。

（1）这是一个不新不旧但是很特别的公寓。

（2）房间里有一些漂亮的画。

（3）大学边上有一家不错的餐厅。

（4）我喜欢古典音乐。

（5）北京有很多现代化的商店。

（6）你在看什么书？

（7）北京有一些美得像宫殿的房子。

（8）摩西是个很特别的以色列年轻人。他喜欢古典芭蕾和现代音乐。

（9）图书馆里有一些关于中国的书。

（10）我喜欢柠檬茶，你喜欢什么茶？

词汇表 אוצר המילים

名词 שמות עצם

אַהֲבָה	(נ.)	爱
אָרוֹן	(ז.), אֲרוֹנוֹת	柜子
אַרְמוֹן	(ז.), אַרְמוֹנוֹת	宫殿
בָּחוּר	(ז.), בְּחוּרָה (נ.)	年轻人
גָּז	(ז.)	煤气
גִּינָה	(נ.)	花园
דִּירָה	(נ.)	公寓
חֶדֶר	(ז.), חֲדָרִים	房间
חֲנוּכִּיָּה	(נ.)	烛台
כִּסֵּא	(ז.), כִּסְאוֹת	椅子
מַחְבֶּרֶת	(נ.)	练习本
מִטְבָּח	(ז.)	厨房
מִיטָּה	(נ.)	床
מָעוֹן	(ז.), מְעוֹנוֹת	宿舍
מִקְלַחַת	(נ.)	淋浴；淋浴器

מַקְרֵר	(ז.)	冰箱
עֵץ	(ז.)	树
צִיּוּר	(ז.)	画
שׁוּלְחָן	(ז.), שׁוּלְחָנוֹת	桌子

שמות תואר 形容词

גָּדוֹל	大的
חָדָשׁ	新的
טוֹב	好的
יָפֶה	美丽的
יָשָׁן	旧的
מְיוּחָד	特别的
מְצוּיָּן	优秀的
נֶחְמָד	好的，合人意的
עַתִּיק	古老的
קָטָן	小的

מילים לועזיות 外来语

אַמְפִּיתֵאַטְרוֹן	(ז.)	古罗马的圆形剧场
בָּלֶט	(ז.)	芭蕾
מִיקְרוֹגָל	(ז.)	微波炉
סָלוֹן	(ז.)	客厅
קֵיסָר	(ז.), קֵיסָרִית (נ.)	皇帝
מוֹדֶרְנִי		现代的
קְלַסִי		古典的

מילות שאלה 疑问词

אֵיזֶה?	(ז.)	哪个？（阳性）
אֵיזוֹ ?	(נ.)	哪个？（阴性）
אֵילוּ?	(ר.)	哪些？

שונות 其他

כְּמוֹ	像

לְמָשָׁל	例如
לִפְעָמִים ת"פ	有时
עַל שֵׁם	以……命名

注 释

1. 阴性单数名词结尾如下：

דוגמות	הסיומות	
תַּלְמִידָה, מַתָּנָה, טוֹבָה	ָה	
מַחְבֶּרֶת, כְּנֶסֶת, מְיוּחֶדֶת	ֶת	ת
מִקְלַחַת	ַת	
עִבְרִית, אֶשְׁכּוֹלִית, צִיבּוּרִית	ִית	
חָנוּת	וּת	

以ת 结尾的名词不都是阴性，例如：זַיִת

有些名词虽然没有阴性结尾标志，也是阴性，例如：ארץ, עיר, שמש

阴性复数名词结尾如下：

דוגמות 例子	הסיומת ברבים 复数结尾	הסיומת ביחיד 单数结尾	
תלמידות, ספריות	וֹת	ה	
מחברות, מיוחדות	וֹת	ֶת	ת
מקלחות	וֹת	ַת	
אשכוליות	ִיוֹת	ִית	
חנויות	וּיוֹת	וּת	

但是有些阳性名词的复数形式是阴性复数形式，这些名词实际上是阳性。

מלון—מלונות

רחוב—רחובות

ארמון—ארמונות

שולחן—שולחנות

相反，有些阴性名词的复数是阳性复数形式，这些名词实际上是阴性。

אישה—נשים
עיר—ערים

2. 形容词与名词的关系

　　形容词无论是修饰名词还是作谓语，都必须和名词保持性、数的一致。

בית גדול
בחורה יפה
ארמונות יפים
הרחובות קטנים
הנשים נחמדות

שיעור 3

מספר מונים בזכר 1- 10 阳性基数词 1–10

1) אֶחָד	שיעור אחד
2) שְׁנַיִם	שני תלמידים
3) שְׁלוֹשָׁה	שלושה ספרים
4) אַרְבָּעָה	ארבעה בחורים
5) חֲמִישָׁה	חמישה מטבחים
6) שִׁישָּׁה	שישה מורים
7) שִׁבְעָה	שבעה אולפנים
8) שְׁמוֹנָה	שמונה מלונות
9) תִּשְׁעָה	תשעה בתים
10) עֲשָׂרָה	עשרה אנשים

.1 אמרו וכתבו את שמות העצם ברבים והוסיפו מספרים מ-1 עד 10 כרצונכם.

说出并写出下列名词的复数，并为每个名词随意增加数字。

בית, ארון, מלון, רחוב, איש, ארמון, שולחן, כיסא, מחשב, טלפון, שקל, ציור, שיעור, איש, הר, לימון, תפוז

דוגמה. *איש אחד, שני מלונות...*

.2 א) קראו ואמרו את המספרים. 读出并写出数字。

כמה זה עולֶה?

- יש מיץ תפוזים?
- כן, בבקשה.
- כמה זה עולה?
- 5 שקלים.

- פיתה עם חומוס, בבקשה.

- עוד משהו?
- לא, תודה. כמה זה עולה?
- 9 שקלים.

ב) שאלו זה את זה וענו. 相互提问并回答问题。

דוגמה: - *כמה זה עולה?*
- *5 שקלים.*

- תה עם לימון - 8 שקלים
- קפה עם חלב - 10 שקלים
- גלידה - 9 שקלים
- לחם - 2 שקלים
- מים מִינֶרָלִיים - 3 שקלים

3. מה השעה? (2)

א)

סליחה, מה השעה?

4:05 ארבע וחמישה. או ארבע וחמש דקות.

3:55 חמישה לארבע. או חמש דקות לארבע.

אולי אתה יודע מה השעה?

1:10 אחת ועשרה. או אחת ועשר דקות.

12:50 עשרה לאחת. או עשר דקות לאחת.

ב) בחרו שעה, שאלו זה את זה – מה השעה? וענו. 就下列时间相互提问并回答。

2:05	2:10	2:50	2:55
9:55	9:45	9:10	9:10
10:05	10:50	10:55	10:10

4. א) דירה בביג'ינג ב- 2004

זאת דירה סינית בבייג'ינג. חמישה חדרים גדולים, סלון, חדר להורים, חדר לילד, חדר לאורחים וחדר לספרים. יש מטבח גדול, מקלחת עם שירותים ואמבטיה עם שירותים. יש הרבה רהיטים – ארונות, שולחנות, כיסאות, מיטות

וספות. הרהיטים יפים ומודרניים.

ב) כתבו את הדירות שלכם. 描述你们的公寓。

5. כָּל + שם עצם ביחיד

א) כל שבת

- מה אתה עושה בשבת?
- אני מְטַיֵּיל עם חברים.
- כל שבת?
- לא כל שבת. שבת כן, שבת לא.

כל בוקר, כל ערב...

כל בוקר אני הולך לבֵית הַכְּנֶסֶת.
כל ערב אני לומד תלמוד.
כל שבת אני קורא בַּתּוֹרָה.

כל בוקר אני שומע חדשות בטלוויזיה.
כל ערב אני רואה טלוויזיה.
כל שבת אני מטייל עם חברים.

יום	כל
אחד	
תלמיד	
ספר	
מילה	
טלוויזיה	
בוקר	

ב) כתבו מה אתם עושים כל בוקר, כל יום, כל שבת.

写出每天早晨、每一天和每个安息日你们都干什么。

6. א) כל דיסק - 2 שקלים

רון: שלום. כמה זה עולה?

המוכר: כל דיסק - רק שני שקלים.

רון: בֶּאֱמֶת? אז אני רוצה חמישה דיסקים.

המוכר: עשרה שקלים בבקשה.

רון: תודה רַבָּה. שלום.

ב) כתבו שיחה דומה בחנות לספרים משומשים. 写一段在旧书店的对话。

7. שבצו את הצירוף המתאים. השתמשו במילים: 用下列词汇填空。

בוקר / שבת / תלמיד / שנה / יום / מילה

דוגמה: *כל בוקר אני שותה קפה.*

1) אני קורא גרמנית, אבל אני לא מבין ______.

2) ______, בספטמבר, הוא נוסע לאסיה.

3) ______ ב- 7:00 יש חדשות בטלוויזיה.

4) בישראל______לומד תנ"ך מכיתה ב'.

5) ______ אנחנו מטיילים עם חברים.

8. קראו את השיחה בקול ואמרו את המספרים. 朗读课文，并说出课文中出现的数字。

בָּאַכְסַנְיָה

יוסי: בוקר טוב, יש מקום באכסניה?

דויד: כן. כמה אתם?

יוסי: אנחנו 6 אנשים.

דויד: איזה סוג חדר אתם רוצים?

יוסי: 2 חדרים זוגיים ו-2 חדרים ליחיד.

דויד: סליחה, אין חדר זוגי. אבל יש חדר ליחיד.

יוסי: מה יש בכל חדר?

דויד: יש הכל, טלוויזיה, טלפון ומזגן.

יוסי: יש מקלחת עם שירותים?

דויד: כן.

יוסי: איפה אוכלים?

דויד: יש פה 2 מסעדות: 1 חלבית ו-1 בשרית.

יוסי: יופי. כמה זה עולה?
דויד: 10 דולרים.
יוסי: טוב. אנחנו רוצים 6 חדרים ליחיד.
דויד: בבקשה.

מה יש באכסניה? ?

9. א)

סליחה

- סליחה, יש פה כַּסְפּוֹמָט?
- כן, ליד הטלפון הציבורי.
- תודה.
- בבקשה.

ב) **כתבו שתי שיחות דומות.** 用下列单词写两段类似的对话。
השתמשו במילים אלה:
שיחה 1: בנק, המסעדה הסינית שיחה 2: שירותים, הסופרמרקט החדש

10. **קראו את המשפטים והוסיפו יידוע.** 朗读下列句子并添加冠词。

דוגמה: יש פה שולחן גדול.   *הוא כותב על השולחן הגדול.*

1) לומדים שם סטודנטים חדשים. _____ לומדים סינית.
2) רון קורא שיר מודרני. _____ על אנשים בבייג'ינג.
3) זאת שולחן ישן. _____ מגרמניה.
4) זה כיסא מיוחד. הוא יושב על _____.
5) אנחנו קונים רהיטים עתיקים. _____ לסלון.
6) זה ספר על אנשים יפים. בספר יש ציורים של _____ בעולם.
7) היא אוכלת עוגה טובה. _____ משוקולד.
8) יש בכיתה בחורות יפות. אני לומד עם _____.
9) יש בדירה שתי מיטות, ישנה וחדשה. _____ מסין, ו_____ ישראל.

הַזֶּה
הַזֹּאת
הָאֵלֶּה

11. א)

הספר הזה

- של מי הספר הזה?
- של דינה.
- וזה?
- של יוסי.

העוגה הזאת

- העוגה הזאת של טל?
- כן.
- וזאת?
- אני לא יודע.

הציורים האלה

- הציורים האלה של רון?
- כן.

של מי?

ב) **שאלו זה את זה וענו.** 相互提问并回答问题。

מחשב, בית, קפה, לחם, שוקולד, קוקה קולה, מכתב

דוגמה: - *של מי הקפה הזה?*

- *של רון כהן.*

12. א) **מוזאון בַּנֶגֶב**

בנגב, ליד באר שבע, יש עיר של בֶּדווים- רַהַט. ליד רהט יש מוזאון מיוחד על החיים של הבווים. במוזאון יש אוֹהֶל גדול. באוֹהל אין רהיטים, אין מיטות ואין שולחנות. יש שם שטיחים גדולים ויפים. השטיחים הם המיטות, הכיסאות והשולחנות. באוהל יש שני חדרים, הגברים יושבים בחדר אחד והנשים יושבים עם הילדים בחדר אחר. ליד המוזאון יש קפטריה עם אוכל בדווי, פיתות מיוחדות וקפה טוב. אנשים מכל העולם באים למוזאון ולומדים שם על הבדווים.

ב) **אמרו וכתבו מה יש ומה אין באוהל.**
说并写出贝都因人的帐篷里有什么和没什么。

ג) **שאלו זה את זה שאלות על הטקסט וענו עליהן.**
就课文相互提问并回答问题。

דוגמה: - *איפה רהט?*
- *רהט בנגב ליד באר שבע.*

ד) **כתבו 5 שאלות על הטקסט. השתמשו במלים השאלה: מי, איפה, כמה, איזה.**
就课文内容用所给的疑问词写 5 个疑问句。

אז יאללה, ביי!

- אבא, תביא שש שקל.
- דָנָהלֶה, אומרים: תן לי שישה שקלים, בבקשה!

- תביא שתי לימון.
- המורה אומרת: שני לימונים.
- אז מה?

- מה יש בארוחת בוקר?
- יש שתי סנדוויצ'ים ושלוש תפוזים.
- באולפן אומרים: שני סנדוויצ'ים ושלושה תפוזים.
- באמת?

13. 把下列对话和句子译成希伯来文。
- 请问你喝什么？
- 柠檬茶，多少钱？
- 4 谢克。
- 对不起，你知道现在几点了吗？
- 10：45。
- 你知道哪儿有厕所吗？
- 对不起，我也不知道。
- 你知道银行在哪？
- 在大学附近。
- 谢谢。

- 不客气。

- 每个安息日你都干什么？
- 有时候看电视，有时候睡觉，有时候和朋友去旅游。你呢？
- 每个安息日我都在家。
- 每天晚上你都看电视吗？
- 不。 我只看新闻。你呢？
- 我每天都看电视。

（1）我要一个带淋浴的单人房间。

（2）这是一本有关中国人的书。

（3）这是谁的手机？真漂亮。

（4）你喜欢老家具还是新家具？

（5）这些旧家具来自中国。

（6）每天我都学到新东西。

（7）这是一所中式公寓。

词汇表 אוצר המילים

动词 פעלים

אוֹכֵל	吃
יוֹשֵׁב	坐
מְטַיֵּיל	旅游，散步
עוֹלֶה	价钱为

名词 שמות עצם

אוֹהֶל	(ז.), אוֹהָלִים	帐篷
אַכְסַנְיָה	(נ.)	青年旅社
בֵּית כְּנֶסֶת	(ז.), בָּתֵּי כְּנֶסֶת	犹太会堂
גֶּבֶר	(ז.), גְּבָרִים	男人
דוֹלָר	(ז.)	美元
דַקָה	(נ.) דַקוֹת	分钟
יוֹם	(ז.), יָמִים	天，日子
מִזְגָן	(ז.)	空调

מִילָה	(נ.), מִילִים	单词
מָקוֹם	(ז.), מְקוֹמוֹת	地方
סוּג	(ז.)	种类
פִּיתָה	(נ.)	大饼
רָהִיט	(ז.)	家具
שָׁטִיחַ	(ז.), שְׁטִיחִים	地毯
שֶׁקֶל	(ז.), שְׁקָלִים	谢克

שמות תואר 形容词

אַחֵר	另外的
בְּשָׂרִי	肉的
חֲלָבִי	奶的
יָחִיד	唯一的
זוּגִי	成双的
מְשׁוּמָשׁ	用过的

שונות 其他

כָּל-	每一个，所有，任何
מַשֶּׁהוּ	某物
עוֹד	还有
תוֹדָה רַבָּה	多谢

מילים לועזיות 外来语

דִּיסְק	(ז.)	磁盘
חוּמוּס	(ז.)	鹰嘴豆
כַּסְפּוֹמָט	(ז.)	取款机
בֶּדְוִוי, בֶּדְוִוית		贝都因的；贝都因人

注　释

1. 形容词和名词的关系

如果形容词修饰名词必须做到三个一致：性，数和确泛指一致。

הילד הקטן
הילד הזה

ילד קטן

2. כל + שם עצם ביחיד

如果 כל 后面的名词是单数泛指，意思为每一个，任何一个。

כל יום　　每天

כל ילד　　每个孩子

3. 阳性数词

和阴性数词一样，1 在名词之后，2 用缩略形。

תלמיד אחד

שני תלמידים

4. 形容词的形式

形容词的形式之一是以 ִי 结尾。

ישראלי, ישראלית, ישראליים, ישראליות

מודרני, מודרנית, מודרניים, מודרניות.

- 不可随意把名词变成形容词，因为在很多情况下，形容词的形式是有变化的。

למשל:　רוסיה – רוסי, אמריקה – אמריקני, איטליה – איטלקי

- 这类形容词当它们用于人称时，也可作为名词。只是在复数上只有一个 יוד。用于形容词有两个 יוד。

למשל:　ישראלים, רוסים, אמריקנים, איטלקים, סינים.

שיעור 4

1. **א)** **בחנות דיסקים**

יעל: שלום. אני מחפשת דיסק, מתנה לחבר.
מוכר: אילו שירים הוא אוהב?
יעל: הוא אוהב..., גם אני לא יודעת.
מוכר: אז אולי את רוצה את השירים החדשים של...
יעל: אה...
מוכר: או אולי את השירים של...
יעל: רגע, רגע, אני רואה פה דיסק חדש.
מוכר: אה, הדיסק החדש של ליו הואן.
יעל: אני רוצה את הדיסק הזה.
מוכר: בבקשה. את רוצה עוד משהו?
יעל: לא, תודה.
מוכר: להתראות.

? **מה יעל קונה לחבר?**

ב) **כתבו שיחה דומה בחנות ספרים.** 写一段在书店的对话。
- שלום. אני מחפש מתנה לחבר.

2. **א)** - את מכירה את רון?
- לא. נעים מאוד.

הוא	אוהב מכיר ———	את	רון
הם	אוהבים מכירים ———	את	בייג'ינג

אני אוהב...
אני אוהב שמש וים.
אני אוהב שוקולד.
אני אוהב טיולים.
אני אוהב את ...יעל.

ב) **כתבו מה אתם אוהבים.** 写你们喜欢什么。
אני אוהב...   אני אוהב...

3. **אמרו משפטים והוסיפו "את" אם צריך.**
说出下列句子，如果需要的话，加上介词 **"את"**。

ירושלים
תה עם לימון
מוזיקה
הוא אוהב (את)   אוכל סיני
גלידה
רהיטים עתיקים
העיר הזאת
בחורות יפות

דוגמה: *הוא אוהב את ירושלים.*

4. א) **אני אוהב את...**
אני אוהב את המוזיקה של בָּאךְ.
אני אוהב את הציורים של וָאן גוךְ.
אני אוהב את הסרטים של ז'אנג עי מוו.

אני אוהב את השירים של ליו הואן.
אני אוהב קוקה קולה.
ואני אוהב את בייג'ינג.

ב) **שאלו זה את זה וענו.** 相互提问并回答问题。

- מה אתה אוהב? מה את אוהבת?
- אתה אוהב את המוזיקה של...? את אוהבת את הסרטים של...?
- את הספרים...?
- את מי אתה אוהב? את מי את אוהבת?
- אתה אוהב את החברים בכיתה? את אוהבת את...?

5. **השלימו את המשפטים.** 完成下列句子。

דוגמה: *אני אוהב עוגות, אבל אני לא אוהב את העוגה הזאת.*

1) רון אוהב טיולים, אבל הוא לא אוהב________הזה באמריקה.
2) כל שבוע אני קונה ספר. היום אני קונה __________החדש של עמוס עוז.
3) היא אוהבת ________של אימא ואבא בישראל, אבל היא מחפשת דירה בבייג'ינג, כי עכשיו היא עובדת בבייג'ינג.
4) אנחנו שרים שירים מודרניים. לפעמים אנחנו שרים גם_______הישנים והטובים.
5) אתם יודעים אלף מילים בעברית. אתם יודעים גם ________של השיעור הזה.

ב) **שוחחו ביניכם בקפטריה. היעזרו במילים.**

用下列单词完成在餐厅的对话。

עוגה, לחם, סנדוויץ', קוקה קולה, מים, סלט ירקות

דוגמה:

- *יש עוגות?*
- *כן. הינה העוגות.*
- *יופי. אני רוצה את העוגה הזאת.*

6. א) **מבייג'ינג לתל אביב ב"אל- על"**

ב"אל- על" בבייג'נג אני "רואה" את ישראל ו"שומע" את הישראלים:

- הי, מה נשמע? מה? את לא קונה את הסיגריות בדיוטי פרי?
- את מי אנחנו רואים פה? את מי אנחנו רואים?!

- מה הוא אומר? אני לא מבינה את האיש הזה!
- אוי מוֹיְשֶׁה, איפה הוא? אני לא רואה את מוֹיְשֶׁה!

ב"אל- על" אני גם "שומע" וגם "רואה" את ישראל:
אני רואה את הישראלים עם הרבה תיקים. אני שומע את הילדים הקטנים מדברים עברית. אני פוגש את "כל העולם". אני פוגש את רותי ואת דני. אני פוגש את המורה לעברית ואת הסטודנטים מהאוניברסיטה. אני פוגש את החברים הסיניים בישראל ואת...
אני קורא את העיתון מישראל, אוכל את הסלט הישראלי ושותה את המיץ הטוב מישראל- מיץ תפוזים.
ואני רואה את הים של תל אביב. אני רואה את הבתים ואת הרחובות של תל אביב. אני רואה את האוטובוסים, ואת העצים. אני שר עם כולם את השיר "הבאנו שלום עליכם", וזהו- אני בישראל.

ב) **ענו לפי הטקסט:** 根据课文回答问题。

1) את מי הישראלי שומע?
2) את מי הוא פוגש?
3) את מי הוא רואה?
4) מה הוא קורא?
5) מה הוא אוכל?
6) מה הוא שותה?
7) מה הוא רואה?
8) מה הוא שר?

ג) **כתבו: מה אתם חושבים: את מי הוא פוגש עוד? מה הוא עוד רואה?**
你们认为他还遇到谁？还看到了什么？

7. **סדרו את המילים למשפטים, הוסיפו את וכתבו את המשפטים.**
把下列单词整理成句，并加上**את**。

דוגמה: האלה / קוראים / השיר / התלמידים
התלמידים האלה קוראים את השיר.

1) רואים / אנחנו / יוסי / ברחוב בן יהודה/
2) לומדים / המילים / הסטודנטים / החדשות /
3) שותות / הילדות / הקפה / לא / למה /
4) רוצה /הדיסק / ליו הואן / של / היא /
5) אוהבת / הספר / של / אני / עמוס עוז/
6) קונים / העיתון / הם / של יום

שישי/

7) אוהב / אני / הבגד / לא / הזה /   8) שרים / השיר / הם / בסינית /

8. כתבו את השאלה או את התשובה. 写出问句或答案。

1) מה אתה אוהב? _____
2) _____ אני קורא את הספר החדש של עמוס עוז.
3) את מי אתה פוגש היום? _____
4) של מי הספר הזה? _____
5) מה הן עושות? _____
6) מה הם רוצים? _____
7) _____ הם מכירים את יוסי מחיפה.
8) מה אתם אוכלים בשבת? _____
9) את מי אתם רואים שם? _____
10) _____ אנחנו לומדים סינית.

9. התאמה בין שם עצם + מילית יחס ובין שם תואר 使加介词的名词和形容词一致

הבית הגדול
בַּבית הגדול
לַדירה הגדולה
מֵהבית הגדולים

א) **לדירה החדשה**
דני: רון, לאן אתה הולך?
רון: לדירה החדשה של דליה.
דני: איפה הדירה החדשה של דליה?
רון: ליד האוניברסיטה.

לאן רון הולך?

ב) **אהלן! מה חדש?**
תמר: אהלן! מה חדש? איך בבית החדש?
דויד: מצוין. יש מטבח חדש, גינה יפה, חדרים גדולים, אבל אין רהיטים.
תמר: אז מה אתם עושים?
דויד: אני מחפש עכשיו רהיטים. את יודעת איפה קונים רהיטים טובים

וזולים?

תמר: בטח. בשוק בדווי בבאר שבע. יש שם כיסאות, שולחנות, מיטות, מה לא?

ג) סמנו לפי השיחה נכון /לא נכון 根据课文内容标出正确与不正确。

בבית של דויד: 1) אין מטבח. נכון / לא נכון

2) יש חדרים קטנים. נכון / לא נכון

3) יש רהיטים חדשים. נכון / לא נכון

4) יש גינה יפה. נכון / לא נכון

10. א) בחרו שם גוף או שם פרטי כרצונכם, בחרו מהרשימות פועל וצירוף שם עצם + שם תואר, יידעו את הצירוף וכתבו משפטים (לפחות עשרה משפטים)

自选人称代词或者人名，动词和名词加形容词，至少组成十个句子，给每个名词词组加冠词。

הפעלים 动词	שמות עצם + שמות תואר 名词+形容词
גר ב...	גינה קטנה
הולך ל...	ספרייה גדולה
עובד ב...	מלון טוב
לומד ב...	כיתה חדשה
יושב ב...	מקום יפה
שר ב...	ארמון עתיק
קונה ב...	סופרמרקט חדש
נוסע ל...	מטבח מודרני
בא ת...	דירה ישנה
	חנות מיוחדת
	אולפן טוב

דוגמה: *הוא בא מהבית הישן.*

רינה הולכת למוזאון החדש.

שבוע = שבעה ימים

יוֹם רִאשׁוֹן
יוֹם שֵׁנִי
יוֹם שְׁלִישִׁי
יוֹם רְבִיעִי
יוֹם חֲמִישִׁי
יוֹם שִׁישִׁי
שַׁבָּת

11. א) לומד, לומד, לומד
ביום ראשון אני לומד.
ביום שני אני לומד.
ביום שלישי אני לומד.
ביום שלישי אני לומד.
ביום שישי אני לומד רק בבוקר.
בשבת אני בבית, אני לא לומד.

ב) עושה חיים
ביום ראשון הוא מטייל בחוץ.
ביום שני הוא עושה יוגה.
ביום שלישי הוא עושה טאי צ'י.
ביום רביעי הוא לומד.
ביום חמישי הוא יושב ליד הים.
ביום שישי הוא כותב שיר.
בשבת הוא בבית.

12. היום – מחר
היום יום ראשון. מחר יום שני...

א) השלימו: 完成下列填空。
1) היום יום שני.   מחר יום _____
2) היום יום שלישי.   מחר _____
3) היום _____ מחר _____ חמישי.
4) מחר שבת.   היום _____

ב) **אמרו עוד 5 משפטים כמו בתרגיל א) כרצונכם.** 按照上述练习再说 5 句。

בְּרֵאשִׁית בָּרָא אֱל´הִים את הַשָּׁמַיִם ואת הָאָרֶץ: (בראשית א 1)

ג) **אֵין שָׁמַיִם ואין אֶרֶץ. אין יָרֵחַ, אין שֶׁמֶשׁ ואין כּוֹכָבִים.**

אין אנשים – אין איש ואין אישה אין זָכָר ואין נְקֵבָה.

יש רק "תוהו וָבוהו".

יום ראשון – אור וחוֹשֶׁךְ

יום שני – שמים ואדמה

יום שלישי – ים, דֶשֶׁא, עֵצִים

יום רביעי – שמש, יָרֵחַ, וכּוֹכָבִים

יום חמישי – בַּעֲלֵי חַיים

יום שישי – אנשים – זכר ונקבה

שבת – מְנוּחָה

ד) **אמרו מה ברא אלוהים בכל יום..** 说出上帝每天都造什么。

דוגמה: *ביום ראשון אלוהים ברא את האור ואת החושך.*

אז יאללה, ביי!

- סליחה!
- אין דבר.

- סליחה!
- אין דבר. זה לא נורא.

13. 把下列句子翻译成希伯来文。

（1）我要找一个光盘给朋友做礼物。

（2）你认识大卫的这位朋友吗？

（3）我喜欢张艺谋的电影。

（4）我遇见了在北京的以色列朋友。

（5）我看到孩子们在唱中文歌曲。

（6）我喜欢耶路撒冷的老房子。

（7）你今天还见到谁了？

（8）我去大卫的新家。

（9）大卫的新家有花园吗？

（10）星期天我在家练太极拳。

（11）今天星期几？

（12）明天是星期一。

词汇表 אוצר המילים

动词 פעלים

מְחַפֵּשׂ		寻找
מַכִּיר		认识
פּוֹגֵשׁ		遇见
רוֹאֶה		看

名词 שמות עצם

כֶּסֶף	(ז.), כְּסָפִים	钱
מוֹכֵר	(ז.), מוֹכֶרֶת (נ.)	售货员
עִיתוֹן	(ז.)	报纸
שָׁבוּעַ	(ז.)	周，星期
שׁוּק	(ז.), שְׁוָוקִים	集市
תִּיק	(ז.)	包

形容词 שמות תואר

זוֹל		便宜的
נָכוֹן		正确的

疑问代词 מילות שאלה

לָמָה

其他 שונות

אֶת		（直接宾语的介词标志）
הַיּוֹם		今天
זֶהוּ		就这样
כִּי		因为
מָחָר		明天
בַּחוּץ		户外

外来语 מילים לועזיות

דְּיוּטִי פְּרִי (ז.ר.0)	免税商店
טַאי צ'י (ז.ר.0)	太极拳
טְחִינָה (נ.)	芝麻酱
יוֹגָה (נ.)	瑜珈
סִיגָרְיָה (נ.)	香烟

俚语 סלנג

אַהֲלָן!	嗨！

注　释

1. 疑问词 מה, מי 做宾语

מה用于物； מי用于人。

מה אתה עושה?

את מי אתה רואה היום?

2. 介词את

介词את是确指直接宾语的标志。

אני קורא את הספר.

אני אוהב את ירושלים.

3. צירופי שם עצם עם מילת יחס + שם תואר 带有介词的名词+形容词

מיודע 确指	לא מיודע 泛指
בַּ... /לַ...+ שם עצם + הַ...+ שם תואר 带冠词的介词+名词+冠词+形容词	מִ.../ בְּ.../ לְ... + שם עצם + שם תואר 介词+名词+形容词
מֵהַבית הקטן בַּבַּית הקטן לַבַּית הקטו	מִבַּית קטן בְּבית קטן לְבית קטן
מִ... /בְּ... /לְ...+ שם עצם פרטי (אדם או מקום) + ה...+ שם תואר 介词+人名或者地名+冠词+形容词	
מִיפו העתיקה בְּיפו העתיקה לְיפו העתיקה	

שיעור 5

1. א) מה לקרוא?
   - ספר או עיתון?
   - עיתון, בבקשה. אין זמן לקרוא ספרים!

   ב) מה לאכול?
   - צ'יפס או סלט?
   - צ'יפס, בבקשה.
   - אין זמן לאכול סלט!

   ג) מה ללבוש?
   - אני רוצה בגדים יפים!
   - לא עכשיו.
   - למה לא?
   - אין זמן ללבוש בגדים יפים. ג'ינס וזהו.

2. בניין פָּעַל – גזרת השלמים – שם פועל

שם פועל 动词构造形	הווה 现在时
לִלְמוֹד	לומד
לִכְתּוֹב	כותב
לִפְגּוֹשׁ	פוגש
לִלְבּוֹשׁ	לובש
לִקְרוֹא	קורא
לִשְׁמוֹעַ	שומע
לִנְסוֹעַ	נוסע

עובד	לַעֲבוֹד
חושב	לַחֲשׁוֹב
אוכל	לֶאֱכוֹל
אוהב	לֶאֱהוֹב
אומר	לוֹמַר

3. א) **שבצו את שם הפועל.** 填写动词构造形。

דוגמה: *אנשים לובשים ג'ינס וטי-שרט.* *אין זמן לחשוב מה ללבוש.*

1) אנשים קוראים עיתון. אין זמן __________ ספרים.
2) אנשים כותבים אי מייל. אין זמן __________מכתבים.
3) אנשים לא לומדים פילוסופיה. אין זמן__________על אריסטו ועל ניטשה.
4) אנשים אוכלים סנדוויץ' ברחוב. אין זמן __________סלט ירקות.
5) אנשים לא פוגשים חברים. אין זמן __________חברים.
6) אנשים שומעים חדשות ברדיו. אין זמן __________קונצרט.
7) אנשים נוסעים לעבוד. אין זמן __________למשפחה.
8) אנשים חושבים על כסף. אין זמן __________על אהבה.
9) אנשים אוהבים את הקריירה. אין זמן __________את החיים.
10) אנשים אומרים רק "הי" ורצים. אין זמן __________הרבה מילים.
11) אנשים עובדים, עובדים ועובדים. יש זמן רק __________

ב) **שאלו זה את זה וענו.** 相互提问并回答问题。

- בסין יש זמן לכתוב מכתב לחבר?
- בסין יש זמן לחשוב על אנשים ועל אהבה?
- בסין יש זמן ללבוש בגדים יפים?
- בסין יש זמן לקרוא ספרים?

4. השלימו את הפעלים. 完成填空练习。

הווה				שם פועל
י.		ר.		
ז.	נ.	ז.	נ.	
לומד				
	כותבת			
		פוגשים		
	קוראת		לובשות	
שומע	נוסעת			לקרוא
		עובדים		
			חושבות	
אוהב				לאכול
				לומר

5. רוצה + שם פועל 构造型 + רוצה动词

אני רוצה ללמוד

שלום: זה בקשר לקורס טאי צ'י?

מירה: כן, אתה לומד בקורס?

שלום: לא, אני רוצה ללמוד.

מירה: בסדר. מה שמך?

שלום: שלום שלום.

מירה: כן, אבל מה שמך?

שלום: זה שמי – שלום שלום.

דן רוצה
דינה רוצה
ללמוד
הסטודנטים רוצים
הסטודנטיות רוצות

6. כתבו את השאלה: 写疑问句。

מה שְׁמֵךְ? / מה שְׁלוֹמֵךְ? / מה שִׁמְךָ? / מה שְׁלוֹמְךָ? /

1) __________ לא טוב. אין כסף ואין עבודה.

2) __________ שמי רון כהן.

3) __________ מצוין. הכל בסדר.

4) __________ יעקב כהן.

7. שאלו זה את זה וענו. 相互提问并回答。

- מה אתה אוהב לאכול?
- מה אתה רוצה ללמוד?
- איפה אתה רוצה לעבוד?
- לאן אתה רוצה לנסוע?
- מה אתם אוהבים לאכול?
- מה את רוצה לאכול?
- מה את רוצה ללמוד?
- מה את אוהבת לאכול?
- איפה את רוצה לעבוד?
- לאן אתן רוצות לנסוע?
- מה אתם אוהבים לאכול?

8. א) הגניזה בקהיר (1200-900)

בכל בית כנסת יש גניזה. בגניזה יש ספרים ישנים: תורה, משנה, תלמוד ועוד. בגניזות העתיקות יש גם מכתבים.

בבית הכנסת בקהיר יש גניזה גדולה מאוד. בגניזה הזאת יש הרבה מכתבים. מהמכתבים האלה לומדים על החיים של היהודים במצרים, בישראל, בסוריה, בספרד, במרוקו וגם בסוריה: יהודים מכל הארצות האלה כותבים לרבנים בקהיר. הם כותבים את המכתבים בעברית, בערבית או ביידיש.

האנשים רוצים ללמוד והם שואלים את הרבנים שאלות: מה לאכול בפסח? מה לקרוא עם הילדים בשבת? ועוד.

בגניזה יש גם מכתבים של נשים. הן שואלות את הרבנים שאלות על החיים. למשל: "הילד לא רוצה ללמוד. מה עושים?" או: "הבעל לא רוצה לעבוד. מה אתה חושב?" או: "שמי שרה-לאה, ואני רוצה שם אחר. או הבעל רוצה שתי נשים. אני לא יודעת מה לחשוב."

בגניזה יש ספר של האלף-בית בעברית לילדים: הילדים במאה ה-11 לומדים לקרוא ולכתוב עברית.

ב) **כתבו לפי הטקסט – נכון או לא נכון.** 。根据课文内容标出**נכון או לא נכון**

1) אין בית כנסת בלי גניזה.
2) בגניזה יש רק ספרים
3) בגניזה יש מכתבים מהרבה ארצות.
4) אין בגניזה מכתבים בעברית
5) אין בגניזה מכתבים של נשים כי הן לא יודעות לקרוא ולכתוב.
6) יש בגניזה מכתבים עם שאלות לרבנים.

ג) **סמנו את כל שמות הפועל בטקסט והעתיקו אותם. כתבו ליד כל שם פועל את צורת ההווה ביחיד.** 。写出课文中出现的所有动词构造型和现在时

דוגמה: *ללמוד – לומד*

ד) **כתבו מה אתם חושבים:** 写出你们的看法：

"גניזה מודרנית" (3000-2000)

- איזה שאלות יש בגניזה מודרנית?
- מי כותב את המכתבים?
- למי כותבים את המכתבים?

9. תארי פועל 副词

בשקט הרבה יפה לאט מהר מצוין קשה

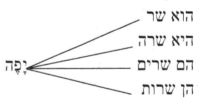

הוא שר
היא שרה
הם שרים
הן שרות
יָפֶה

א) **איך הם הולכים, מדברים, אוכלים, לומדים, יושבים...?**

- הם הולכים מהר, כי יש שיעור.
- הם מדברים הרבה, כי הם אוהבים לדבר.
- הם אוכלים הרבה, כי הם רעבים.
- הם לומדים קשה, כי הם אוהבים ללמוד.

- הם יושבים בשקט, כי הם רוצים לקרוא ספרים.
- רון מדבר סינית מצוין.
- היא מדברת עברית לאט.
- הוא אוכל מהר, ורץ לאוניברסיטה.

ב) **אמרו את תואר הפועל המתאים וכתבו את המשפטים.**

说出合适的副词，并写成句子。

דוגמה: אין זמן. היא אוכלת *מהר* . הוא מדבר *מהר* . הם נוסעים *מהר* .

1) יש זמן. הם הולכים... . אני לומדת... . הוא אוכל... .
2) הם סטודנטים מצוינים. היא קוראת... . אתה קורא... .
3) הם מוּזִיקָלִיים מאוד. היא שרה... . הוא שר... .
4) הם קְרֵיְאֶרִיסְטִים. הוא עובד... . היא עובדת... .

10. א) משהו / מישהו

מה? – מַשֶׁהוּ

מי? – מִישֶׁהוּ

- מישהו בבית?
- כן, אני פה.
- מה אתה מחפש?
- משהו טוב.

? מה הוא מחפש?

ב) **סמנו בקו: מישהו או משהו. מישהו** 或 **משהו**划线连接

רון

ספר

מקום

ילד ——— מישהו

טלוויזיה

דיסק

שטיח ——— משהו

שולחן

תלמיד

פרופסור

איש

תיק

מוכר

בחור

וידיאו

מיטה

ג) קראו את השיחות ושבצו משהו או מישהו 朗读对话并填写**משהו** 或 **מישהו**

1) מיכל: דני, מה אתה רוצה לשתות?

דני: ______ מתוק.

מיכל: מה אתה רוצה לאכול?

דני: ______ טעים.

2) יעל: מעין, ________ בחוץ.

דינה: מי?

יעל: אני לא יודעת. ________.

3) רון: דינה, על מי את חושבת?

דינה: אני לא חושבת על ________, אני חושבת על ________.

רון: על מה?

דינה: על ____________טעים.

ד) __________ רוצה_______________טוב?

אז יאללה, ביי!

סמנו קו בין המבעים בטור 1 ובין המבעים המקבילים להם בסלנג בטור 2.

标出第一列中的表达适合第二列的俚语。

1	2
- שמי...	- אהלן!
- להתראות!	- קוראים לי...
- שלום!	- ת'רואה ת'חֶבְרֶה מהכיתה?

- אתה רואה את החברים מהכיתה? - איך קוראים לך?
- מה שמך? - מאיפה אתה?
- מאין אתה? - יללה, בַּי!

11. 把下列句子译成希伯来文。

（1）没时间看书、听音乐、会朋友、考虑爱，所有时间都用于工作了。
（2）你喜欢学习希伯来文吗？
（3）你喜欢到世界各地旅游吗？
（4）从旅游中了解各国的生活。
（5）我喜欢用英文写信。
（6）学生们想问一些有关犹太人的生活问题。
（7）20 世纪的孩子们喜欢电脑。
（8）他工作、学习都很出色。
（9）他的中文说得很好。
（10）某人想吃点甜东西。

词汇表 אוצר המילים

动词 פעלים

חוֹשֵׁב, לַחֲשׁוֹב	认为，考虑
לוֹבֵשׁ, לִלְבּוֹשׁ	穿
רָץ, לָרוּץ	跑
שׁוֹאֵל, לִשְׁאוֹל	问

名词 שמות עצם

אָלֶף בֵּית	(ז.ר.0)	字母表
בֶּגֶד	(ז.), בְּגָדִים	衣服
בַּעַל	(ז.), בְּעָלִים	丈夫
גְּנִיזָה	(נ.)	案卷柜
זְמַן	(ז.)	时间
יְהוּדִי	(ז.), יְהוּדִיָּה (נ.)	犹太人
מֵאָה	(נ.)	一百
רַב	(ז.), רַבָּנִים	拉比

שֵׁם	(ז.), שֵׁמוֹת	名字

שמות תאר 形容词

טָעִים	美味的
מָתוֹק	甜的

שונות 其他

בְּקֶשֶׁר לְ...		关于……
בְּשֶׁקֶט ת"פ		安静地
וְעוֹד		等等
לְאַט ת"פ		慢的
מַהֵר ת"פ		很快
מִישֶׁהוּ		某人
קָשֶׁה ת"פ		艰苦的
מַה שְּׁמֵךְ?	(נ.)	怎么称呼你？（阴性）
מַה שִּׁמְךָ?	(ז.)	怎么称呼你？（阳性）
שְׁמִי		我叫……

מילים לועזיות 外来语

אִי מֵייל	(ז.)	电子邮件
מוּזִיקָלִי	(ז.)	音乐家
גִ'ינְס	(ז.)	牛仔裤
קַרְיֶירִיסט	(ז.)	事业型的人
טִי-שֶׁרְט	(נ.)	T 恤
קוּרְס	(ז.)	课程
קַרְיֶירָה	(נ.)	职业

注 释

1. 动词（一）

希伯来文动词有 7 个语干，3 个时态。目前为止课文涉及的只是动词的最基本形 פָּעַל בִּנְיָן，（我们称之为“简单主动干”）的现在时。现在时不包括人称，分阴阳性和单复数。现在时动词做谓语时，必须和主语性数一致。

אני לומד עברית.

תלמידים לומדים עברית.
תלמידות לומדות עברית.
היא לומדת עברית.

2. 副词

    副词修饰动词,没有性数的变化。

הוא לומד קשה.
הם לומדים קשה.

שיעור 6

1. בניין פעל – גזרת ע"ו – שם פועל

הווה 现在时	שם הפועל 构造型	
גר	לָגוּר	לָסוּם
קם	לָקוּם	
רץ	לָרוּץ	לָסִים
שר	לָשִׁיר	
בא	לָבוֹא	

א) לא רוצה לקום

אימא: יעל, בוקר טוב! את קמה?

יעל: לא. אני לא רוצה לקום עכשיו.

אימא: את לא הולכת לעבוד?

יעל: לא. אני עובדת רק בָּעֶרֶב.

אימא: אבל יש קפה טוב.

יעל: טוב. אני באה.

? למה יעל לא רוצה לקום?

ב) אמרו שיחה דומה "לא רוצה לקום". 就同一题目进行对话。

ג) לא רוצה לבוא

דינה: הי, מה נש?

אורי: טוב. בסדר.

דינה: אני הולכת לסרט. אתה רוצה לבוא?

אורי: לא. אני הולך עכשיו לאכול בקפטריה.

דינה: מתי אתה חוזר?
אורי: אני לא יודע.
דינה: אז אתה רוצה לראות סרט?
אורי: כן. אבל אין זמן לראות סרט.
דינה: אז, מתי יש זמן?
אורי: אולי מחר.

לאן דינה הולכת ולאן אורי הולך?

ד) רוצה לגור בביג'ינג

רון: דליה, איפה את רוצה לגור?
דליה: אני רוצה לגור בבייג'ינג. איפה אתה רוצה לגור?
רון: אני רוצה לגור בירושלים.
דליה: למה אתה רוצה לגור בירושלים?
רון: אני אוהב את ירושלים. ירושלים היא עיר עתיקה ומיוחדת. למה את רוצה לגור בביג'ינג?
דליה: אני רוצה לגור בבייג'ינג, כי אני אוהבת טאי צ'י.

? **למה רון רוצה לגור בירושלים?**
? **למה דליה רוצה לגור בביג'ינג?**

2. א) השלימו את הפעלים בטבלה. 填写表格中的动词。

שם הפועל	הווה			
	ר.		י.	
	נ.	ז.	נ.	ז.
				גר
			קמה	
		רצים		
	שרות			
לבוא				

ב) השלימו את שמות הפועל 填写动词构造型。

דוגמה: דני גר בתל אביב, אבל היא רוצה <u>לגור</u> בפריז.

1) דינה גרה בתל אביב, אבל היא רוצה _____ בפריז.
2) דני רץ כל יום חמישה קילומטרים. הוא אוהב _____.
3) דינה לא רצה. היא לא אוהבת _____.
4) דני קם כל בוקר ב-6.00. הוא לא אוהב _____ בבוקר.
5) גם דינה רוצה _____ ב-6.00, אבל היא קמה ב-10.00.
6) דני ודינה שרים הרבה שירים יפים. הם אוהבים _____.

3. א) למה...? כי...

למה, למה, למה?

- למה הוא לא בא לכיתה?
- כי הוא לא רוצה לבוא.

- למה הם לא באים לכיתה?
- כי המורה לא בא היום.

- למה רון לא קם?
- כי היום אין שיעורים.

- למה אתה לא שר?
- כי אני לא אוהב לשיר.

ב) התאימו את התשובות לשאלות. 将答案与疑问句相连。

- למה אתה לא אוכל?   - כי אני רוצה שקט.
- למה אתה לא בא לסרט?   - כי זה עולה הרבה כסף.
- למה אתה לא גר בעיר?   - כי אני הולך לטייל.
- למה אתה לא קונה מחשב?   - כי אני רוצה ללמוד על סין.
- למה אתה שואל?   - כי אני רוצה ללמוד.
- למה אתה לובש ג'ינס?   - כי אני לא מבין.
- למה אתה לומד סינית?   - כי אני בדיאטה.

דוגמה: - *למה אתם לא אוכלים?*
        - *כי אנחנו בדיאטה.*

ג) **שאלו זה את זה וענו.** 相互提问并回答。
- למה אתה שותה קפה בלי סוכר?
- למה את שותה קפה בלי סוכר?
- למה אתה לומד עברית?
- למה את לומדת עברית?
- למה אתה (לא) שומע מוזיקה קלסית?
- למה את שומעת מוזיקה קלסית?

4. **הקיבוץ בישראל**

היום	ב- 1950
לפעמים אוכלים יחד בערב שבת.	כולם אוכלים יחד כל ארוחה.
חקלאות מודרנית	חקלאות בלי מכונות
הילדים גרים בבית של ההורים.	הילדים גרים בבית ילדים.
חיים בטבע.	חיים בטבע.

5. א) **קיבוץ הַרְדוּף**

בגליל, ליד חיפה, יש קיבוץ קטן ומיוחד, קיבוץ הרדוף. האנשים בקיבוץ לא רוצים לגור בעיר גדולה כמו תל אביב או חיפה. הם מחפשים שקט ורוצים לגור במקום קטן.

החיים בקיבוץ הרדוף הם לפי האִידֵאוֹלוֹגיה האַנְתְרוֹפּוֹסוֹפית של רוּדוֹלף שְׁטַיְינֶר. האנשים בקיבוץ אוהבים את הטבע ולא את המודרניזציה. הם אוהבים את האדם ולא את המכונה. הם לא רוצים מיקרוגל בבית, הם לא רוצים טלוויזיה, וגם לא מחשב.
החברים בקיבוץ עובדים בחקלאות אורגנית – חקלאות בלי כימיקלים.
בערב הם יושבים ביחד, עושים מדיטציה ויוגה, שרים, רוקדים ומדברים על הטבע ועל החיים. הילדים בהרדוף לומדים בבית ספר מיוחד. הם מטיילים הרבה בטבע, עובדים בחקלאות, לומדים לשיר ולרקוד, משחקים גם בשיעורים וגם בהפסקות.
אנשים מהעיר באים לקיבוץ הרדוף, כי יש שם מסעדה עם אוכל אורגני וחנות קטנה. בחנות יש תה, חומוס, תבלינים בלי כימיקלים ולחם מיוחד.

יש בקיבוץ הרדוף קורסים על הפילוסופים האנתרופוסופית, כי הרבה אנשים

רוצים לבוא ללמוד על הפילוסופיה ועל רודולף שטיינר, לפגוש את האנשים
בקיבוץ ולשמוע על החיים המיוחדים בקיבוץ הזה.

ב) **כתבו פרסומת לקיבוץ הרדוף.** 写一则关于这个基布兹的广告。

ג) **סמנו את המשפט הנכון לפי הטקסט.** 根据课文划出正确的句子。

א. (1) קיבוץ הרדוף הוא קיבוץ גדול.
    (2) קיבוץ הרדוף ליד תל אביב.
    (3) קיבוץ הרדוף בגליל.
    (4) ליד חיפה אין קיבוץ.

ב. (1) בקיבוץ הרדוף אין אנתרופוסופים.
    (2) בקיבוץ הרדוף יש שקט.
    (3) בקיבוץ הרדוף אין חנויות.
    (4) בקיבוץ הרדוף יש טלוויזיה בכל בית.

ג. (1) החברים בקיבוץ הרדוף לא עובדים.
    (2) החברים בקיבוץ הרדוף עובדים בעיר.
    (3) החברים בקיבוץ הרדוף עובדים בערב.
    (4) החברים בקיבוץ הרדוף עובדים בחקלאות.

ד. (1) האנשים בהרדוף עושים מדיטציה.
    (2) האנשים בהרדוף אוהבים את החיים בעיר.
    (3) האנשים בהרדוף אוהבים מכונות.
    (4) האנשים בהרדוף רואים טלוויזיה כל ערב.

ה. (1) בלחם של קיבוץ הרדוף יש כימיקלים.
    (2) בחנות בהרדוף אין תבלינים.
    (3) בחנות בהרדוף יש רק לחם ותה.
    (4) במסעדה בהרדוף יש אוכל בלי כימיקלים.

ו. (1) הילדים בהרדוף לא לומדים בבית ספר.
    (2) הילדים בהרדוף שרים, רוקדים ומשחקים.

3) הילדים בהרדוף נוסעים לבית ספר בחיפה.
4) הילדים בהרדוף לא עובדים בחקלאות.

6. א) קראו את הסיפור ואמרו את הפעלים מהרשימה בצורה הנכונה.

阅读下列故事并说出其中动词的正确形式。

הפעלים: שותה/ מדבר/ יודע/ רץ/ אוהב/ מטייל/עובד/ קורא/ קם/ בא/ לומד/ רוצה/ אוכל/ שומע/ גר/ הולך

מתנדב בקיבוץ

אני בא מהולנד. עכשיו אני...בקיבוץ ליד טבריה. זה קיבוץ נחמד, לא גדול ולא קטן, ויש פה אנשים מכל העולם.

אני...בחקלאות או בחנות של הקיבוץ. אני... בשש בבוקר, ...קפה, ...לחמניה ו...לעבוד. בערב אני...מוזיקה, או...חמישה קילומטרים מהקיבוץ לטבריה. אני...את העבודה, את הארוחות בקיבוץ ואת האנשים בקיבוץ. הם אנשים נעימים ונחמדים, ואנחנו...על פוליטיקה ועל החיים בקיבוץ.

יש אולפן בקיבוץ. שם אנחנו...עברית, ו...עיתון בעברית קלה. בשבת אנחנו...ליד הקיבוץ. בגליל יש מקומות יפים מאוד. החיים בקיבוץ מעניינים, אבל אני לא...איפה אני ...לגור.

7. מספרים 100 – 20 基数词

20	עֶשְׂרִים	עשרים בחורים
30	שְׁלוֹשִׁים	שלושים בחורים
40	אַרְבָּעִים	ארבעים בחורים ובחורות
50	חֲמִישִׁים	חמישים חברים
60	שִׁישִּׁים	שישים חברות
70	שִׁבְעִים	שבעים חברים וחברות
80	שְׁמוֹנִים	שמונים מורים
90	תִּשְׁעִים	תשעים מורות
100	מֵאָה	מאה אנשים

עשרים ואחת ילדות
עשרים ואחד ילדים
עשרים ואחד ילדים וילדות

8. א) אמרו את תוצאות המשחקים. 说出比赛的结果。

שיקגו – פיניקס	110 – 120
מילנו – פריז	98 – 103

מדריד – איסטנבול	76 – 91
לוס אנג'לס – בוסטון	86 – 87
תל אביב – ירושלים	76 – 92
הרצליה – חיפה	55 – 66
אילת – צפת	44 – 53

ב) **אמרו וכתבו במילים.** 说出并写出数字。

+	**וְעוֹד**
–	**פָּחוֹת**
=	**הֵם**

דוגמה: 23 + 31 = 54 *עשרים ושלוש ועוד שלושים ואחת הם חמישים וארבע.*

1) 46 + 52 = 98

2) 64 + 9 = 73

3) 97 + 5 = 102

4) 88 – 26 =62

5) 135 – 89 = 46

6) 199 – 31 = 168

9. א)

שאלות במתמטיקה

לילדים בכיתה ב'

א. שתי כיתות אלף בבית ספר בתל אביב נוסעות לטיול בירושלים.
בכיתה אלף 1 יש 37 תלמידים ובכיתה אלף 2 יש 41 תלמידים.
כמה תלמידים נוסעים לטיול בירושלים?

ב. במסעדה של איציק יש 50 שולחנות. בגינה של המסעדה יש עוד 60 שולחנות.
כמה שולחנות יש במסעדה ובגינה?

ג. בספרייה של הכיתה יש 120 ספרים בעברית ובאנגלית. 30 ספרים באנגלית.
כמה ספרים בעברית יש בספרייה?

ד. בכל שיעור עברית לומדים 20 מילים חדשות. בכל שבוע יש 2 שיעורים
בעברית ושיעור אחד באנגלית.
כמה מילים בעברית לומדים בשבוע?

ב) חשבו על עוד שתי שאלות במתמטיקה לילדים בכיתה ב'. כתבו אותן ושאלו חברים בכיתה. 再加两道二年级学生的算术题，并问班里的同学。

10. מה השעה? (3)

א)

- סליחה, מה השעה?
- 5:20 —— חמש ועשרים.

- סליחה, מה השעה?
- 7:36 < שבע שלושים ושש. / עשרים וארבע דקות לשמונה.

- סליחה, אתה יודע מה השעה?
- 12:40 < שתים עשרה וארבעים. / עשרים לאחת.

ג) בחרו שעה, שאלו זה את זה – מה השעה? וענו. 选择时间相互提问并回答。

13:40	4:50	3:28	20:34
9:51	16:25	14:24	15:30

אז יאללה, ביי!

- למה, למה, למה?
- כי לא בא לי.

- אתה רוצה לשמוע מוזיקה?
- לא.
- אז מה בא לך?

- כלום.

? מה בא לכם עכשיו?

? מה לא בא לכם עכשיו?

11. 将下列句子译成希伯来文。

(1) 你想住在哪个国家？

(2) 你喜欢唱什么歌？

(3) 你干吗跑这么快？

(4) 你怎么喝不加糖的咖啡？因为我在减肥。

(5) 我听不懂你说什么。

(6) 你怎么不听古典音乐？因为我只喜欢摇滚。

(7) 周日我和家人一起去旅游。

(8) 我喜欢住在像基布兹这样特别的地方。因为基布兹的生活很有意思。

(9) 他在寻找生活中某种特别的东西。

(10) 女人们喜欢谈论家庭生活，男人们喜欢谈论政治。

(11) 希伯来文班有 12 个学生，每人有 5 美元。他们一起吃了一顿晚饭，花了 24 美元，每人还有多少美元？

(12) 10 点 10 分有课，你赶快起床吧。

词汇表   אוצר המילים

פעלים   动词

回来	חוֹזֵר, לַחֲזוֹר
玩，比赛	מְשַׂחֵק, לְשַׂחֵק
起床	קָם, לָקוּם
跳舞	רוֹקֵד, לִרְקוֹד

שמות עצם   名词

人类，人	(ז. ר. 0)	אָדָם
食物	(ז.)	אוֹכֶל
膳食	(נ.)	אֲרוּחָה
学校	(ז.), בָּתֵי סֵפֶר	בֵּית סֵפֶר
父母	(ז. ר.)	(הוֹרֶה) הוֹרִים

הַפְסָקָה	(נ.)	休息，暂停
חַקְלָאוּת	(נ.)	农业
טֶבַע	(ז.)	自然
טִיּוּל	(ז.)	旅游，散步
מְכוֹנָה	(נ.)	机器
מִתְנַדֵּב	(ז.)	志愿者
שְׁאֵלָה	(נ.)	问题
תַּבְלִין	(ז.)	调料

שמות תואר 形容词

נָעִים	令人愉快的，舒适的
קַל	简单的，轻的

שונות 其他

בֵּית יְלָדִים		（在基布兹）儿童之家
בְּלִי		没有
(ב)יַחַד ת"פ		一起
כִּי מ"ח		因为
לְפִי מ"ח		根据
מַה נִשְׁ...? ס.		你怎么样?
עֶרֶב שַׁבָּת	(ז.), עַרְבֵי שַׁבָּת	安息日前夕

מילים לועזית 外来语

אִידֵאוֹלוֹגְיָה	理想
דִּיאֶטָה	节食
כִּימִיקָלִים	化学之品
מוֹדֶרְנִיזַצְיָה	现代化
מִיקְרוֹ-גַל	微波炉
קִילוֹמֶטֶר	公里
אוֹרְגָנִי	有机的
אַנְתְּרוֹפוֹסוֹפִי	人类中心说的

数学 מתמטיקה

וְעוֹד (+)	加
פָּחוֹת –	减
הֵם =	等于

注　释

1. 在希伯来文中如果数字后面不出现具体的名词，这时数字用阴性，如：电话号码、书页、门牌号等。

אחת ועוד אחת הם שתיים.

מספר הטלפון של רון הוא שש שתיים שבע חמש שתית שתים שלוש שש.

אני גר בדירה חמש.

אני נוסע באוטובוס תשע.

2. 中母音动词 ע"ו או ע"י

希伯来文动词的词根多数是由三个辅音字母组成。ע"ו או ע"י表明中间这个字母是元音字母，所以称之为中母音动词，其变化和规则动词有所不同。גר, קם,שר也是בניין פעל形。

גר – לגור

קם – לקום

שר – לשיר

3. 原因句 ...כי

...כי 所带的句子是原因从句。

- למה אתם לומדים סינית?
- כי אנחנו רוצים ללמוד על סין.

פסק זמן 2

1. א) אמרו וכתבו מה יש ומה אין בחדרים שלכם.

说出并写出你们房间里有什么和没什么。

2. חברו בקו את ההפכים. 连接词义相反的词。

בוקר	נקבה
גדול	מהר
חדש	לא
טוב	קל
קצת	אין
לאט	ישן
כן	רע
קשה	לילה
יום	קטן
יש	ערב
זכר	הרבה

3. הוסיפו עוד מילה לכל משפט. 给每句话增加一个词。

הם מדברים.

אנחנו נוסעים.

היא קוראת.

הוא אוכל.

אתם יושבים.

אתן שותות.

הן קונות.

אתם מטיילים.

אני מחפש.

אתה פוגש.
אנחנו בונים.
הם חושבים.
דוגמה: *הם מדברים על פוליטיקה.*

4. כתבו איפה אתה רוצה או לא רוצה לגור ולמה.
写出你想住在哪儿或不想住在哪儿，其理由是什么。

מלון   קיבוץ   דירה קטנה   ארמון   משרד   אוהל   הרים   טבע
בית גדול

דוגמה: *אני רוצה לגור בקיבוץ, כי החיים שם מעניינים.*
אני לא רוצה לגור בארמון, כי זה לא בית.

5. א) ארוחה טובה בבוקר

ארוחה ישראלית בבוקר - לחם או לחמנייה, אשכולית, סלט ישראלי גדול עם הרבה תבלינים, קפה, תה או מיץ תפוזים. זאת ארוחה גדולה וטובה בבוקר בישראל.

ארוחה סינית בבוקר - ארוחה מערבית וארוחה סינית. ארוחה מערבית - חלב, ביצה ולחם.

אבל הרבה סינים וישראלים לא אוכלים ולא שותים בבוקר כי אין זמן לאכול: הילדים רצים לבית ספר ואימא ואבא רצים לעבודה. הם הולכים לבית ספר ולעבודה בלי לאכול ובלי לשתות.

המורים אומרים: הרבה ילדים לא לומדים טוב כי הם לא אוכלים בבוקר. הם לא מבינים את השיעור, הם לא שומעים מה המורה אומרת – הם חושבים רק על ההפסקה ועל האוכל. דוקטור גינדין מ"הדסה" בירושלים אומר: ארוחה נכונה בבוקר היא ארוחה עם סלט גדול, גבינה והרבה מים. הארוחה בבוקר היא אנרגיה להרבה שעות. בלי האנרגיה הזאת אין חיים נורמליים.

ב) ספרו זה לזה מה אתם אוכלים בבוקר, בצהריים ובערב.
相互讲述你们一日三餐吃什么。

6. בחרו את המילה המתאימה וקראו את המשפטים. 选择合适的单词并朗读。
(1) אין חיים בלי _____, אבל יש חיים בלי...   מלח/סוכר

2) שמונה______שלוש הם חמש. פחות/ועוד
שש______שתיים הם שמונה

3) - ______ אתה לא אוכל ארוחה בבוקר? כי/למה
- ______ אין זמן.
-

4) בבית כנסת רפורמי ה...יושבות עם ה.... נשים/גברים

5) - הלו?!______ בבית? אימא/אבא
- לא, הוא בעבודה.
- ו______?
- גם היא בעבודה.

6) במסעדה: - קפה, בבקשה. בבקשה/תודה
- הינה הקפה.
- ______.
- ______.

7) - איך הולכים לתאטרון? ימינה/שמאלה
- אתה הולך ישר, ו______.
- ולבנק?
- ישר ו______.

8) כל סימסטר ה______מדבר עם אימא או עם אבא של ה______. מורה/תלמיד

9) - אני לא רואה את חנה. היא לא ______? שם/פה
- אולי היא בבית של דויד.
- לא. היא גם לא ______.

7. כתבו את שמות העצם המתאימים ביחיד או ברבים.

选择合适的名词单数或者复数填空。

ספרייה / ציור / איש / ים / ארוחה / סינית / עיר / שירותים /

1) בבייג'ינג פוגשים ______מכל העולם.
2) ב______מודרנית יש ספרים וגם מחשבים.
3) במוזאון ישראל בירושלים יש ______עתיקים וגם מודרניים.
4) בסין יש שלוש ______גדולות: בייג'ינג, שאנגהאי וגואנגז'וו.
5) אוכלים שלוש ______כל יום: בבוקר, בצהריים ובערב.
6) היא באה מסין. היא מדברת______, אנגלית וקצת עברית.

7) - סליחה, איפה ה______?
- לנשים פה, ולגברים שם.

8. כתבו את שמות התואר המתאימים בזכר או בנקבה. 填写合适的形容词。

עתיק / מעניין / מצוין / ציבורי / קטן / קשה / ישן / מודרני /

1) בירושלים יש עיר ______ועיר חדשה.
2) זה לא ______, זה קל.
3) דינה אוהבת ללמוד. היא סטודנטית______.
4) הוא גר בבית מ-1890. זה בית______.
5) זה חדר______, אין מקום בחדר – לא לטלוויזיה ולא למחשב.
6) אני לא רוצה לקרוא את הספר הזה. הוא לא ______.
7) - הלו, דני? מה שלומך? סליחה, אני לא בבית עכשיו. אני מדבר מטלפון ______.

9. מיינו את המילים ל- 8 קטגוריות. 把下列单词分为八类。

איפה גרים?	מה אוכלים?	מה שותים?	מה קוראים?	רהיטים	משפחה	שפות	מילות שאלה
מלון	תפוזים	מים	עיתון	מיטה	אימא	סינית	איפה

מילים: אבא / אוהל / איזה / איך / אימא / איפה / אנגלית / ארון / ארמון / אשכולית / בית / בעל / גלידה / גרמנית / דוד / דודה / דירה / הורים / לחם / חדר / חלב / חלה / יידיש / יין / סינית / ירקות / כיסא / כמה / לאן / לחמניה / לימון / למה / מאין / מה / מי / מיטה / מים / מיץ / מכתב / מלון / מלח / ספר / מתי / ספרדית / עברית / ערבית / עוגה / שוקולד / פיתה / צרפתית / קיבוץ / רומנית / שולחן / שטיח / שיר / תורה / תלמוד / תפוז /

10. כתבו את המילים החסרות. 填空

בירושלים, בתל אביב, בפריז ובמקומות אחרים בעולם יש______מיוחדות: בחנויות האלה יש ספרים וקפה. אנשים באים למקומות האלה לקרוא ספרים ולפעמים גם לאכול ______לשתות משהו. לפעמים הם באים לשם מהעבודה בשעה אחת ב______. הם קוראים עיתון או ספר, אוכלים משהו וחוזרים ל______.

אנשים אחרים באים לחנויות האלה בבוקר, יושבים וקוראים שם ______שעות כמו

בספריה. באים לשם גם הורים עם ילדים קטנים. ה_____שותים קפה, אוכלים עוגה, מדברים עם חברים, וה_____קוראים ומשחקים.

11. כתבו את השאלות לפי התשובות. השתמשו במילות השאלה:
根据答案用提供的疑问词写疑问句。

איפה, מתי, מה, מי, מאין, לאן, כמה, למה, איך.

דוגמה: ישר וימינה.   *איך הולכים לשם?*
       הם הולכים למסעדה.   *לאן הם הולכים?*

1) יוסי בן חמישים.
2) רון גר בבייג'נג.
3) אנחנו מחפשים בגדים יפים.
4) אני נוסע לירושלים באוטובוס.
5) אני פוגש את רון בישראל.
6) ההורים מדברים על הילדים.
7) הם שרים ביום ראשון בערב.
8) שמי רון כהן.
9) הוא מסין.
10) ישר, ישר, ישר.
11) אני קם בשעה 8 בבוקר.
12) הם רוצים לאכול.
13) אנחנו הולכים לאוניברסיטה.
14) הספר הזה של דינה.
15) אני מטייל עם המשפחה בירושלים.
16) דויד אוהב את רינה.
17) דינה חושבת על דויד.
18) יש 12 תלמידים בכיתה.

词汇表 אוצר המילים

外来语 מילים לועזיות

名词 שמות עצם

אֶנֶרְגְיָה	(נ.)	能量
סִימֶסְטֶר	(ז.)	学期

形容词 שמות תואר

אִידֵאָלִי	理想的
נוֹרְמָלִי	正常的
רֵאָלִי	实际的
רְפוֹרְמִי	改良的

שיעור 7

1.

קניות

יעל: שחר, מה את עושה עכשיו?
שחר: שום דבר.
יעל: את רוצה לעשות משהו?
שחר: כן, אולי.
יעל: אני רוצה לקנות ג'ינס. את רוצה לקנות משהו?
שחר: כן, אבל לא בגדים.
יעל: מה את רוצה לקנות?
שחר: אני רוצה לקנות דיסקים.
יעל: יופי, בחנות דאנג דאי יש בגדים ודיסקים. אולי את רוצה גם לשתות קפה שם?
שחר: למה לא?!
יעל: אז להתראות בשבע ליד דאנג דאי.
שחר: להת...!

? יעל ושחר הולכות לדאנג דאי. מה הן עושות שם?

2. בניין פעל – גזרת ל"י (ל"ה) – שם פועל

הווה	שם פועל
בּוֹנֶה	לִבְנוֹת
קוֹנֶה	לִקְנוֹת
רוֹצֶה	לִרְצוֹת
רוֹאֶה	לִרְאוֹת
שׁוֹתֶה	לִשְׁתּוֹת
עוֹשֶׂה	לַעֲשׂוֹת
עוֹלֶה	לַעֲלוֹת
	לִהְיוֹת

"להיות או לא להיות"

(המלט, שקספיר)

א) כתבו לפי הדוגמה – רוצה + שם פועל 。模仿例句造句

דוגמה: יעל קונה את הדיסק של ליו הואן. *גם שחר רוצה לקנות את הדיסק של ליו הואן.*

1) אני שותה מיץ תפוזים.   גם את...
2) אני עושה מסיבה בבית.   גם אורי...
3) דויד רואה במוזאון את הציורים של פיקאסו. גם מיכל...
4) מיכל עולה למצדה.   גם אבי...
5) אבי בונה בית על ההר.   גם רחל...
6) רחל קונה כרטיסים לפסטיבל.   גם אורי...
7) אורי פרופסור באוניברסיטה.   גם יוסי רוצה להיות...
8) יוסי רב בבית כנסת ספרדי.   גם אלי...
9) היא בבית.   גם אתה...
10) אתה בעבודה.   גם אני...

ב) השלימו את הפעלים בטבלה. 。填写动词

הווה				שם פועל
י.		ר.		
ז.	נ.	ז.	נ.	
שותה				
	קונה			
		רוצים		
			רואות	
				לבנות
עושה				
	עולה			

3. א)

אני רואה בקפה

- אתה רוצה לגור בפריז..
- אתה רוצה לטייל בכל העולם.
- אתה רוצה להיות פרופסור.
- אתה רוצה לקנות בית ליד הים.
- אתה לא רוצה לעבוד. אתה רוצה רק לאהוב.
- אתה רוצה לעשות משהו מעניין בחיים.
- אתה רוצה להיות...
- נכון, נכון, אבל עכשיו אני רוצה לשתות קפה.

ב) גם אתם רואים בקפה, אמרו לתלמידים אחרים בכיתה מה הם רוצים. השתמשו ב-ללמוד, לכתוב, לקרוא, לשתות, לאכול, לעבוד, להיות...

用下列动词告诉同学们你们在咖啡中看到什么：

ללמוד, לכתוב, לקרוא, לשתות, לאכול, לעבוד, להיות...

4. א) הישראלי בסרטים ישראליים

ישראלית יפה מהקיבוץ פוגשת את העולים החדשים ממָרוֹקוֹ או מעִירָק, מפּוֹלִין או מֵרוּסְיָה. ישראלי נחמד עובד בחקלאות ואוהב את הטבע ואת הארץ.

ישראלים ועולים חדשים בונים את הארץ. הם לובשים כָּאפִיָּה, כּוֹבַע טֶמְבֶּל וסַנְדָלִים. בלילה הם מדברים, שרים ורוקדים וביום הם עובדים ושותים מיץ תפוזים.

אלה הישראלים בסרטים של שְׁנוֹת החמישים (1959-1950). בסרטים של שנות החמישים יש סרטים דוֹקוּמֶנְטָרִיִים, צִיוֹנִיִים או רוֹמַנְטִיִים.

בסרטים של שנות השישים והשביעים הישראלים הולכים לצָבָא, אבל הם לא רוצים מִלְחָמָה. הם רוצים להיות בבית עם המשפחה ועם החברים. הישראלים בסרטים האלה שואלים שאלות על החיים.

בסרטים של שנות השמונים הישראלים רוצים לראות את העולם הגדול. הם נוסעים לאמריקה, עובדים ביום ושותים בלילה. בסרטים האלה לומדים על הקוֹנְפְלִיקְטִים של הישראלים: אַשְׁכְּנַזִים וסְפָרַדִים, קיבוץ ועיר, שלום ומלחמה, עֲרָבִים ויהודים. בסרטים אחרים בשנות השמונים יש סיפורים מעניינים על

ישראלים עם בְּעָיוֹת: אהבה טראגית, בחור מְשוּגָע, ילדה מיוחדת. גם בסרטים האלה יש קונפליקטים: הורים וילדים, גברים ונשים, ועוד. בסרטים האלה יש הוּמוֹר, יש סְלֶנְג ישראלי והרבה שירים. בהומור, בשירים ובסלנג יש אוֹפְּטִימִיוּת.

בסרטים של שנות התשעים יש סיפורים קטנים על היומיום בישראל, ויש גם סרטים לילדים.

ב) התאימו לפי הטקסט. 根据课文内容找出相对应的句子

מתי?	מה?
שנות החמישים	הישראלים אוהבים את הארץ.
	יש הומור.
	הישראלים שרים ורוקדים.
שנות השישים והשביעים	יש סלנג.
	יש סרטים דוקומנטריים.
	הישראלים רוצים להיות בבית.
שנות השמונים	יש סיפורים קטנים על החיים.
	יש סרטים לילדים
	יש קונפליקטים.
שנות התשעים	יש בעיות מיוחדות.

דוגמה: *בסרטים של שנות החמישים הישראלים שרים ורוקדים.*

5. לדעת + משפט שאלה 疑问句 + **לדעת**

א) יודע או לא יודע?

אתה יודע מה אתה אוהב?

אני לא יודעת מה אני רוצה.

אני יודע מאין דינה באה.

היא לא יודעת מי הוא.

מה אני לא יודע?

אתה יודע איפה רון?

אנחנו לא יודעים למה הם יושבים פה.

יודע	מה מי איפה למה כמה

ב) **אמרו 10 משפטים מהטבלה.** 从列表中组成 10 个句子。

אני			מי	אתם מדברים.
אתה	רוצה		איפה	הם רוצים.
את			לאן	רון ודינה חושבים.
הוא	רוצה	לדעת	מה	אתה לומד עברית.
היא			מתי	אתם באים.
אנחנו	רוצים		מאין	הוא בא למסיבה.
אתם			למה	הוא לא מבין.
אתן	רוצות		איך	הן גרות.
הם			על מה	דליה הולכת.
הן			על מי	אוהב את רחל.

דוגמה: *אני רוצה לדעת למה אתה לומד עברית.*

6. מ... עד...

א) **רון מטייל חצי שנה בהודו וחצי שנה בסין.**

מינואר עד יוני הוא גר בהודו, ומיוני עד דצמבר הוא גר בסין.

אני אוהבת את אבא מהשמים ועד הארץ.

הם אוהבים לרקוד.

הם רוקדים מהבוקר עד הערב.

יָנוּאָר	**יוּלִי**
פֶבְּרוּאָר	**אוֹגוּסְט**
מַרְס	**סֶפְּטֶמְבֶּר**

אַפְּרִיל	אוֹקְטוֹבֶּר
מַאי	נוֹבֶמְבֶּר
יוּנִי	דֶּצֶמְבֶּר

ב) **קראו ואמרו מה דני לומד ומתי.** 朗读并说出丹尼在什么时候学什么。

דני לומד באוניברסיטה. הוא לומד חמישה ימים בשבוע – מיום שני עד יום שישי.

<u>יום שני</u>

8:00 – 9:50	אנגלית
10:10 – 12:00	עברית
12:00 – 14:00	הפסקה
14:00 – 15:50	מחשבים
16:00 – 17:50	היסטוריה

דוגמה: *משמונה עד עשרה לעשר הוא לומד אנגלית. משתים עשרה עד שתיים יש הפסקה.*

ג) **ספרו מה אתם לומדים ומתי.** 讲述你们什么时间学什么。

7. **כל + שם עצם מיודע ביחיד** 单数确指名词 + **כל**

הוא נח כל היום

אורי: יורם, מה אתה עושה עכשיו?

יורם: שום דבר. אני נח.

אורי: ובצהריים?

יורם: נח.

אורי: ובערב?

יורם: גם נח.

אורי: כל היום אתה נח?

יורם: כן. אני נח כל היום.

אורי: אז מתי אתה לומד? מחר יש בחינה.

יורם: אני לא רוצה ללמוד.

אורי: אז למה אתה בא לאוניברסיטה?

יורם: גם אני לא יודע.

אורי: די, מספיק לנוח!

כל	השנה היום הזמן המשפחה הלילה ה...

8. השלימו את המשפטים. 用下列词语造句。

השתמשו ב- כל + השנה / הכיתה / הזמן / העולם / היום / הבוקר / השבוע / הארץ / המשפחה /

1) אורי יושב בספרייה משמונה בבוקר עד שש בערב. הוא יושב שם_______.
2) הם מטיילים מינואר 2000 עד דצמבר 2000. הם מטיילים ___________.
3) דינה אוהבת לרקוד. היא רוקדת בבוקר , בצהריים ובערב. היא רוקדת_______.
4) אנחנו לומדים ביום שני, שלישי... עד שישי. אנחנו לומדים_____________.
5) אבא ואימא של רון גרים בישראל. גם הדודים ודודות גרים שם._______ של רון גרה בישראל. רק רון גר בסין.
6) אני מטיילת בתל אביב, בירושלים, בים המלח, באילת, במצדה ובחיפה. אני מטיילת בכל הארץ.
7) לא______לומדת היום. שני תלמידים בבית ורק עשרה תלמידים לומדים.

אז יאללה, ביי!

- נו מתי?
- אולי היום, אולי מחר.
- בהצלחה!

9. 把下列句子译成希伯来文。

（1）我想成为一名教师。

（2）我什么也不想干，只想休息。

（3）我们 7 点“当代”见。

（4）我想把房子建在山上。
（5）我想游遍整个世界。
（6）我们想在海边建一栋房子。
（7）一个美丽的中国姑娘遇到了一个来自美国的小伙子。
（8）他们白天在地里干活晚上在学校学习。
（9）我们喜欢看纪录片和爱情片。
（10）战士们不想打仗，想和家人一起呆在家里。
（11）新移民们从早到晚都在工作。
（12）他全年都不在家。
（13）全班都在努力学习，只有你不想学习。

词汇表　אוצר מילים

פעלים　*动词*

建设	בּוֹנֶה, לִבְנוֹת
是，成为	לִהְיוֹת
上	עוֹלֶה, לַעֲלוֹת

שמות עצם　*名词*

考试	(נ.)	בְּחִינָה
问题	(נ.)	בְּעָיָה
帽子	(ז.)	כּוֹבַע
票	(ז.)	כַּרְטִיס
战争	(נ.)	מִלְחָמָה
聚会	(נ.)	מְסִיבָה
故事	(ז.)	סִיפּוּר
凉鞋	(ז.)	סַנְדָּל
军队	(ז.), צְבָעוֹת	צָבָא
购物	(נ.)	קְנִיָּיה
移民	(ז.)	עוֹלֶה
天空	(ז.ר.)	שָׁמַיִים
年	(נ.), שָׁנִים	שָׁנָה

שמות תואר 形容词

אַשְׁכְּנַזִי		欧洲犹太人；欧洲犹太人的
מְעַנְיֵין		有趣的
מְשׁוּגָע		疯狂的
סְפָרַדִּי		西班牙人；西班牙的
עֲרָבִי		阿拉伯人；阿拉伯的
צִיּוֹנִי		犹太复国主义的

שונות 其他

דַּי ת"פ		够了！
יוֹמיוֹם ת"פ		日常生活
כּוֹבַע טֶמְבֶּל	(ז.)	傻瓜帽
כָּל ה...		整个……
מַסְפִּיק ת"פ		够了！
עַד		直到
עוֹלֶה חָדָשׁ		新移民
שׁוּם דָּבָר		什么也没有
שְׁנוֹת הַחֲמִישִּׁים		50 年代
שְׁנוֹת הַשִּׁישִּׁים		60 年代

מילים לועזיות 外来语

אוֹפְּטִימִיוּת	(נ.ר.0)	乐观
הוּמוֹר	(ז.)	幽默
שׁוֹקוֹ	(ז.ר.0)	可可
כָּאפִיָּה	(נ.)	阿拉伯头巾
סְלֶנְג	(ז.ר.0)	俚语
פֶסְטִיבָל	(ז.)	节日
קוֹנְפְלִיקְט	(ז.)	冲突
דוֹקוּמֶנְטָרִי		纪录片
טְרָאגִי		不幸的

注　释

1. 在希伯来文中"פ"代表动词的第一个字母；"ע"代表第二个字母；"ל"代表第三个字母。因为"פעל"是动词的意思，所以用这三个字母来代替。 ל"ה和ל"י 说明第三个字母是"ה"，其变化和规则动词有所不同。

2. כל + שם עצם מיודע ביחיד

    כל加单数确指名词表示整个……

כל היום	整天
כל הזמן	所有时间
כל השנה	全年
כל הכיתה	全班

3. להיות 这个动词没有现在时形式，只有过去时和将来时形式。

אני פה.	我在这儿。
הייתי פה.	我曾经在这儿。
אהיה פה.	我将在这儿。

שיעור 8

משפטים שמניים 名词句

השיעור מעניין.　　　הספרים חדשים.

הטלוויזיה יקרה.　　　העוגות טובות.

1. א) גלויה לדני

שלום רון, מה נשמע? אני בבייג'ינג. העיר גדולה והנוף יפה, האנשים פה נחמדים, הבחורות יפות, האוכל טעים. אני אוהב את בייג'ינג.	רון כהן
אתה רוצה לבוא לבייג'ינג?	רחוב יפו
להתראות, דני.	ירושלים
להתראות יןפי	

ב) כתבו גלויה. 写一张明信片。

ג) כתבו משפטים. 把下列单词组成句子。

בתים / הסטודנטים / הטלויזיות/ העוגות / המחשב / הספר / המשפחה /התרגילים / הנוף /

יפים / נחמדים / חדשות / טעימות / ישן / מעניין / קטנה / קשים / יפה /

דוגמה: *הסטודנטים נחמדים.*

2. א) למה ג'ון בא לישראל?

- כי יש פה שמש טובה.
- כי יש פה אנשים נחמדים.
- כי יש פה פלאפל טוב.

- כי יש פה מקומות עתיקים.
- כי יש פה אוניברסיטאות מצוינות.
- כי יש פה מסעדות כשרות.
- כי יש פה קיבוצים מיוחדים.
- כי יש פה שמיים יפים.
- כי יש פה מדבר גדול ושקט.
- כי יש פה חיים מעניינים.

ב) כתבו מה גו'ן אומר על ישראל (לפי א)

根据课文内容写出**גו'ן**是如何评价以色列的。

בישראל השמש טובה. האנשים ______. הפלאפל______. ה______עתיקים.
האוניברסיטאות ______. ה ______כשרות. הקיבוצים ______. ה______יפים.
המדבר _____. החיים _____.

ג) ג'ינה לא רוצה לבוא לישראל. 。**ג'ינה** 不想来以色列。
כתבו מה היא אומרת על ישראל. 写出她是如何评价以色列的。
דוגמה: *בישראל החיים משעממים.*

ד) כתבו עוד 4 משפטים דומים חיוביים ושליליים. 再写 4 句肯定和否定句。
בישראל... או בסין... או ב...

3. א) מלונות ים – המלח

אתה נוסע בדרך מירושלים לסדום. הדרך יפה ומיוחדת. המדבר גדול. אין בתים, אתה לא רואה אנשים, יש רק שקט. ליד יריחו אתה רואה אוהלים של בדווים, הכול שקט.

פתאום, אתה רואה מלונות גדולים ומודרניים, מלון אחד, ועוד מלון, ועוד מלון: הילטון, שרתון, הייאט, פלזה... .

ואתה שואל: מה הם "עושים" שם באמצע המדבר? ליד ים המלח יש מעיינות של מים חמים. הרבה תיירים מהארץ ומחו"ל באים לשם. אנשים חולים מכל העולם באים למעיינות האלה, כי יש במים הרבה מינרלים. הם באים בחורף, כי בחורף יש במדבר שמש טובה. הם גרים במלונות ומשם הם רואים את ההרים המיוחדים, את הים הכחול ואת השמיים היפים. הם רואים את המדבר ושומעים את השקט.

ב) ענו על השאלות לפי הטקסט. 根据课文回答问题。

1) מה יש ליד האוהלים של הבדווים?
2) בשורה 5 כתוב "הם". מי הם?
3) בשורה 6 כתוב "לשם". לאן?
4) למה באים התיירים למעיינות ליד ים המלח?

ג) השלימו את שם התואר לפי הקטע. 根据课文内容填写形容词。

דוגמה: *המדבר גדול.*

1) הדרך מירושלים לסדום______.
2) המלונות____________ .
3) המים במעיינות __________.
4) השמש במדבר____________.
5) ההרים ______________.
6) הים _________________.
7) השמיים _______________.

4. בניין פעל – גזרת פ"י – שם פועל

הווה 现在时	שם פועל 动词构造型
הולך	לָלֶכֶת
יורד	לָרֶדֶת
יושב	לָשֶׁבֶת

5. א) אני אוהב ללכת

אבי: לאן? לאוניברסיטה?
דויד: כן. אתה רוצה טרמפ?
אבי: לא. אני רוצה ללכת.
דויד: אבל אני נוסע לשם עכשיו.
אבי: תודה, אבל אני לא רוצה לנסוע. אני אוהבת ללכת. באמת, תודה.
דויד: יום טוב!

? **מי נוסע? ומי הולך**

ב)   שלימו את הפעלים בטבלה. 填写表格中的动词。

הווה				שם הפועל
י.		ר.		
ז.	נ.	ז.	נ.	
הולך				
	יודעת			
		יושבים		
			יורדות	

אז יאללה, ביי!

ג)   מה פתאום?!

- אני חושב שמחר לא לומדים.
- מה פתאום? לומדים , ויש בחינה.

- זה סרט אמריקני.
- מה פתאום? זה סרט איטלקי.

- אני! יש לי כסף.
- מה פתאום? גם לי יש כסף.

- אהלן ראובן, אתה בא ליוסי?
- ליוסי? מה פתאום ליוסי?
- סתם...
- טוב, אז אני בא.
- להת'

6.   א)   רון לא רוצה שום דבר

אימא: רון, אתה רוצה לאכול משהו?

רון: לא. שום דבר.

אימא: אז אתה רוצה לשתות משהו?

רון: לא. שום דבר.

אימא: למה אתה לא קם?

רון: אני לא רוצה לקום.

אימא: אתה לא הולך לבית הספר?

רון: לא, אני לא רוצה ללכת לבית הספר.

אימא: למה?

רון: כי אני לא רוצה.

אימא: אז מה אתה רוצה?

רון: שום דבר!

?   מה רון רוצה?

ב)   **כתבו שיחה דומה בין שני חברים או חברות במסיבה.**
写一段两个朋友在晚会上的对话。

7.   **בחרו את הפועל המתאים מהרשימה ואמרו את המשפטים.** 选合适的动词造句。
הפעלים: לשבת / ללכת / לדעת / לרדת

(1) - את רוצה...לסרט?
     - כן, מתי?

(2) - אתה רוצה ... ליד דינה?
     - לא. אני יושב תמיד ליד דן.

(3) - אני רוצה לנסוע!
     - מצטער. אין מקום. בבקשה... .

(4) - אתם רוצים... איפה יש מסעדה סינית בחיפה?
     - כן. איפה?

8. חזרו על כל הפעלים שנלמדו. 复习学过的动词。

שרטטו טבלות במחברת, שבצו את הפעלים במקום הנכון והשלימו את צורות הפעלים החסרות. 在练习本上画一个表格，把动词填写在正确位置。

	ז.	נ.	ז.ר.	נ.ר.
ללמוד	לומד			
לאהוב				
לשתות				
לבנות				
לגור				
לקום				
לדעת				
ללכת				

אז יאללה, ביי!

ב) לבריאות!

- לבריאות! אתה חולה?
- מה פתאום?! זה שום דבר...

- הסלט שלך מצוין!
- לבריאות! אתה רוצה עוד?

9. א) ברחוב שינקין בתל אביב

שרית: הי יורם, מה נש...?

יורם: טוב. תודה. ואת, מה שלומך?
שרית: אַחְלָה!
יורם: אולי את רוצה לשתות קפה?
שרית: סַבָּבָּה!
יורם: לאן את רוצה ללכת? אולי לקפה ירושלים?
שרית: עַל הַכֵּיפַּק!

קפה ירושלים

פיתה עם חומוס / סנדוויצ'ים /
צ'יפס / פיצה / פסטה / סלט /
קפה עם חלב / תה / מיץ /
גלידה / עוגות /

בקפה ירושלים

יורם: יש פה מקום נחמד ליד החלון. את רוצה לשבת שם?
שרית: בְּכֵּיף. אז תגיד, מה הולך?
מלצר: סליחה, אתם כבר יודעים מה אתם רוצים?
שרית: פַּסְטָה פֶּסְטוֹ וגם גלידה לימון.
יורם: ואני רוצה פיצה וקפה עם הרבה חלב, בבקשה.
שרית: וגם מים קרים עם לימון?

* * *

שרית: נו, יורם, אז מה העניינים?
יורם: מה את רוצה לשמוע? אני לומד מתימטיקה ופילוסופיה.
שרית: וָולָה, מה אתה אומר?!
יורם: ואת, מה את לומדת?
שרית: אני? ללמוד? מה פתאום? אני רוצה לטייל בעולם, לפגוש אנשים, לנסוע קצת.
יורם: לאן את רוצה לנסוע?
שרית: בּוֹלִיבְיָה, הודו, אוסטרליה, קניה. פה, שם.
יורם: מתי את נוסעת?
שרית: אני יודעת?! אני רוצה לנסוע עם חברים. אתה רוצה לבוא?
יורם: אה...מלצר, חשבון, בבקשה!

? **מי מדבר בסלנג, יורם או שרית?**

ג) **כתבו על מי אפשר להגיד את המשפטים האלה, על יורם או על שרית? שרית או יורם** 写出谁会说出以下的话？

1) ______ רוצה לנסוע עם חברים.
2) ______לא רוצה ללמוד.
3) ______רוצה לשתות קפה.
4) ______רוצה מים.
5) ______רוצה לטייל בהודו.

ד) **המשיכו את השיחה בין שרית ויורם. יש אפשרות שונות לסיים את השיחה.** 续写对话并完成结尾，结尾有多种可能性。

למשל: שרית: טוב. להתראות בעוד שנה. אתה רועה משהו מהודו?
או: שרית: אז להתראות מחר ב"אל – על"!

10. א) השלימו את הפעלים המתאימים – צורת הווה או שם פועל.

填写动词的合适形式，或现在时或动词构造型。

אנשים בתל אביב

בתל אביב אנשים מכל העולם, מאירופה, מאפריקה, מאמריקה, מאסיה ומאוסטרליה. בת"א אנשים...עברית ויידיש, אנגלית, רוסית, גרמנית, סינית ושפות אחרות.

בת"א אנשים אוהבים... הכל. הם ... חומוס, פלאפל, פיצה, בורקס, או משהו אחר. בארוחות הם ...יין, מיץ, קפה, או תה.

במסיבות בת"א אנשים אוהבים...ג'נס וטי-שרט, ולפעמים הם....בגדים אלגנטיים.

בת"א אנשים אוהבים...מוזיקה. הם...מוזיקה מודרנית או קלסית. הם אוהבים...שירים מרוסיה, מאמריקה, מספרד או ממקום אחר. הם...גם שירים ישראליים.

בת"א אנשים אוהבים...ברחובות. הם ...ברחובות,...בחנויות ....בבית קפה או במסעדה.

בבית הם ...ספרים, ...טלוויזיה, לפעמים גם ...שאלות וחושבים על החיים.

ב) **ספרו על אנשים בעיר אחרת.** 讲述另一个城市的人们。

11. 把下列句子译成希伯来文。

（1）北京是座美丽的城市，国内和国外的许多游客都来北京旅游。

（2）基布兹的生活很特别。

（3）以色列有很多符合犹太教规的餐馆。

（4）冬天，世界各地的病人都来到死海边上的温泉。

（5）对不起，你知道去王府井在哪儿下车吗？

（6）这里有位子，你要坐吗？

（7）你知道吗，明天不上课。

绝不可能，明天还有考试呢。

（8）我生病了，什么也不想干。

（9）人们喜欢穿优雅的服装，吃美味佳肴，唱现代歌曲。

（10）他不喜欢学习也不喜欢工作，整天呆在咖啡馆。

（11）我想去以色列旅游，你想去吗？

词汇表 אוצר מילים

动词 פעלים

יוֹרֵד, לָרֶדֶת	下

名词 שמות עצם

בֵּית קָפֶה	(ז.), בָּתֵּי קָפֶה	咖啡馆
גְּלוּיָה	(נ.)	明信片
דֶּרֶךְ	(נ.), דְּרָכִים	道路；方法
חוֹלֶה	(ז.)	病人
חוֹרֶף	(ז.)	冬天
חַלּוֹן	(ז.), חַלּוֹנוֹת	窗户
חֶשְׁבּוֹן	(ז.), חֶשְׁבּוֹנוֹת	账单
מִדְבָּר	(ז.), מִדְבָּרוֹת	沙漠
מֶלְצָר	(ז.)	招待
מַעְיָן	(ז.), מַעְיָנוֹת	（水）泉
נוֹף	(ז.)	风景
שָׂפָה	(נ.)	语言
תַּרְגִּיל	(ז.)	练习

תַּיָּר	(ז.)	旅游者

שמות תואר 形容词

חָם	热的
כָּחוֹל	蓝的
כָּשֵׁר	（食物）符合犹太教的
מְשַׁעֲמֵם	无聊的
קַר	冷的
קָשֶׁה	硬的，艰难的
שָׁקֵט	安静的

סלנג 俚语

אַחְלָה	非常好！
בְּכֵּיף	愉快的
וָאלְלָה	真的！？
סַבָּבָּה	非常好
עַל הַכֵּיפָק	很好

שונות 其他

בְּאֶמְצַע	在……中
בְּעוֹד	在……
הַבַּיְתָה	回家
חו"ל = חוּץ לָאָרֶץ	海外
כְּבָר	已经
לַבְּרִיאוּת	保佑你！
מַה פִּתְאוֹם?!	绝不！
פִּתְאוֹם ת"פ	突然地
תָּמִיד	经常的
תַּגִּיד!	你说！
תַּגִּידִי!	你说！（阴性）
תַּגִּידוּ!	你们说！

外来语 מילים לועזיות

בּוּרֶקַס	(ז.)	（一种面点）
טְרֶמְפּ	(ז.)	搭车
מִינֶרָל	(ז.)	矿物质
פִּיצָה	(נ.)	比萨饼
פַּסְטָה פֶּסְטוֹ	(נ.)	（意大利面制品）
אֶלֶגַנְטִי		优雅的

注　释

1. 名词句的分类

（1）确指名词/人名/人称代词/指示代词 ＋ 名词

הבחור
יעקב
הוא
זה
(לא) סטודנט.

הבחורות
דינה ורינה
הן
אלה
(לא) סטודנטיות.

（2）确指名词/人名/人称代词/指示代词 ＋ 形容词

הבית
יעקב
הוא
זה
(לא) מיוחד.

המסעדות
דינה ורינה
הן
אלה
(לא) מיוחדות.

（3）确指名词/人名/人称代词/指示代词 ＋ 名词加介词

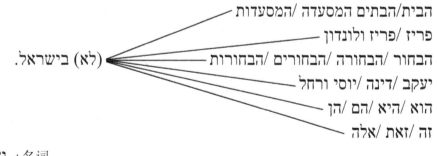

הבית/הבתים המסעדה /המסעדות
פריז /פריז ולונדון
הבחור /הבחורה /הבחורים /הבחורות
יעקב /דינה /יוסי ורחל
הוא /היא /הם /הן
זה /זאת /אלה
(לא) בישראל.

（4）יש / אין +名词

יש / אין
בעיה.
מים.
אנשים.

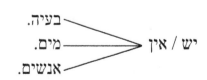

● 注意，（1）和（2）主谓之间必须性、数一致；（3）和（4）不存在这个问题。

2. פ"י 动词的变化

这类动词的特征就是第一个字母是יוד，在变化的过程中与规则动词不同，变化成构造型时，יוד 丢了。

יושב--------לָשֶׁבֶת　　　יורד---------לָרֶדֶת

יודע--------לָדַעַת

多数 פ"י 动词的变化和第一类的标音相同לָסֶמֶת；第二类之所以标 a 而不是 e 是因为最后一个字母是喉音，为了发音方便变成了 a。

3. שום דבר

仅用于否定句。

אני לא רוצה שום דבר.

4. 形容词的功能

形容词有两种功能：修饰名词和做谓语。

（1）修饰名词必须和名词性、数、确泛指一致。

התלמיד הטוב

דויד הנחמד

תלמידים טובים

בייג'ינג הגדולה

（2）做谓语必须性、数一致。

התלמידים טובים.

דויד נחמד.

התלמידים טובים.

בייג'ינג גדולה.

שיעור 9

1. בניין פיעל – גזרת השלמים – שם הפועל

הווה 现在时	שם הפועל 构造型
מְדַבֵּר	לְדַבֵּר
מְחַפֵּשׂ	לְחַפֵּשׂ
מְטַיֵּיל	לְטַיֵּיל
מְקַבֵּל	לְקַבֵּל
מְשַׁלֵּם	לְשַׁלֵּם

- אתה רוצה לשלם בצ'ק או במזומן?
- רון אוהב לטייל בכל העולם.
- דינה מחפשת עבודה.
- רינה תמיד מדברת בטלפון.
- נילי מקבלת אימייל משולה.

2. א) באוטובוס מתל אביב למודיעין

רני: לאן אתה נוסע?

יוסי: למודיעין. אני רוצה לחפש עבודה שם.

רני: מה אתה עובד?

יוסי: אני פועל בניינים.

רני: למה אתה לא מחפש עבודה בתל אביב?

יוסי: בתל אביב אין הרבה עבודה ויש הרבה פועלים.

רני: במודיעין יש הרבה עבודה?

יוסי: אני לא יודע. אבל מודיעין היא עיר חדשה, ואולי אין שם הרבה פועלים.

רני: איך אתה מחפש עבודה, בעיתון?

יוסי: לא. אני לא קורא עיתון. אני אוהב לטייל ברחובות ולדבר עם האנשים.
אולי אתה מכיר מישהו במודיעין?

רני: לא. אני לא מכיר.

יוסי: טוב, לא חשוב. הינה כבר מודיעין.

רני: בהצלחה.

? למה רני אומר ליוסי "בהצלחה"?

为什么 **רני**要对**יוסי**说"祝你成功"？

יוסף בא למודיעין. הוא רואה איש ליד בית חדש.

ב) 1) כתבו את השיחה.

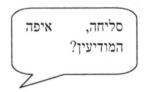

2) כתבו שתי שיחות דומות לשיחה בין רני ויוסי.

写两段**רני ויוסי**之间的对话。

בשיחה אחת רני מדבר עם רון. רון הוא מורה לעברית.

בשיחה שנייה רני מדבר עם שרה. שרה היא מורה לסינית.

第一段对话，**רני**是希伯来语老师。

第二段对话，**שרה**是中文老师。

3. א) השלימו את הפעלים בטבלה. 填写表格中的动词。

הווה				שם הפועל
י.		ר.		
ז.	נ.	ז.	נ.	
מדבר				
	מטיילת			
		מחפשים		
			משלמות	
				לקבל

ב) **השלימו את שם הפועל.** 填写动词构造型。
דוגמה: *המורה, מדבר עברית ואנגלית, אבל הוא רוצה, לדבר רק אנגלית.*

1) רון רוצה _____ עבודה. הוא מחפש בעיתון.
2) יוסי מטייל בכל העולם, ומדבר עם אנשים בכל מקום. הוא אוהב _____ בכל העולם ו_____ עם אנשים בכל מקום.
3) רינה אומרת לרני: תמיד אתה משלם. היום אני רוצה _____.
4) אני מקבל אימיילים. אני אוהב _____ אימיילים מאנשים בכל העולם.

4. **סמנו את ההשלמה הנכונה.** ✓ 在正确答案上

דוגמה: אני הולך לשוק,
☐ כי אני אוהבת לדבר בטלפון.
☑ כי אני לא רוצה לשלם הרבה כסף.
☐ כי אני מחפשת מקומות שקטים.

1) אתם מדברים עברית,
☐ אבל לא כותבים עברית.
☐ אבל אתם ישראלים.
☐ אבל אתם משלמים בבנק.

2) אתה אומר לדני "בהצלחה",
☐ כי אתה מחפש עבודה.
☐ כי הוא מקבל דרישת שלום מהמשפחה.
☐ כי הוא מקבל עבודה חדשה.

3) לאן את
☐ מחפשת?
☐ מטיילת?
☐ משלמת?

4) הם באים לאילת בינואר,
☐ כי הם מחפשים שמש.
☐ כי הם לא אוהבים את הים.
☐ כי הם מטיילים ביפן.

5) אנחנו קונות עיתון,
☐ כי אנחנו רוצות לקבל גלויה.
☐ כי אנחנו רוצות לחפש דירה.
☐ כי אנחנו רוצות לדבר עם דני.

5. **יום שישי בישראל**

בישראל סוף שבוע הוא יום שישי ושבת. הרבה ישראלים עובדים חמישה ימים בשבוע ולא עובדים ביום שישי. הם הולכים לשוק או לקניון. בקניון יש מסעדות, בתי קפה, והרבה חנויות. האנשים אוהבים לטייל בקניון, לשבת בבית קפה, לדבר

עם חברים ולקנות אוכל. הם מחפשים חלות מתוקות לשבת או לחם טוב. הם קונים חומוס וטחינה, קפה ותה, עוגות ושוקולד. הם קונים גם פרחים ועיתונים – עיתון אחד, שניים או שלושה.

הישראלים אומרים: אנחנו מקבלים את השבת בשירים, בפרחים ובעיתונים.

בהרבה מקומות יש ביום שישי בבוקר סרטים, קונצרטים וטיולים. באוניברסיטה, בסינמטק, במוזאון ובמקומות אחרים יש קורסים מיוחדים של יום שישי בבוקר. בקורסים האלה לומדים פילוסופיה סינית, ידייש או ערבית, מוזיקה עתיקה ועוד.

אבל הרבה אנשים אומרים: אנחנו לא רוצים ללמוד ביום שישי. אנחנו רוצים לראות חנויות יפות, לפגוש אנשים, לקנות, לקנות ולקנות.

אולי גם הקניון הוא "אוניברסיטה"? לא לומדים שם היסטוריה או מוזיקה, אבל לומדים על החיים. בשוק ובקניון רואים את הסרט של החיים.

? **מה אומרים בטקסט על:** א) עוגות, חומוס וקפה
ב) עיתונים, שירים ופרחים
ג) ידייש, מוזיקה עתיקה ופילוסופיה סינית
ד) סרטים, קונצרטים וטיולים

6. מספרים בנקבה 11 - 20 11–20 阴性基数词

11) אַחַת עֶשְׂרֵה	תלמידות
12) שְׁתֵּים עֶשְׂרֵה	מורות
13) שְׁלוֹשׁ עֶשְׂרֵה	ילדות
14) אַרְבַּע עֶשְׂרֵה	משפחות
15) חֲמֵשׁ עֶשְׂרֵה	סטודנטיות
16) שֵׁשׁ עֶשְׂרֵה	חברות
17) שְׁבַע עֶשְׂרֵה	דודות
18) שְׁמוֹנֶה עֶשְׂרֵה	תיירות
19) תְּשַׁע עֶשְׂרֵה	מוכרות
20) עֶשְׂרִים	בחורות

כל הָ"עֶשְׂרֵה"

א) קראו ואמרו את המספרים. 朗读并说出下列数字。

ארוחה גדולה

בבית של וַשְׁתִּי יש היום מְסִיבָּה. 20 חברות באות לדירה של ושתי, והיא עושה ארוחה גדולה.

היא שמה על השולחן 15 פיתות עם פלאפל, 16 פיצות עם זיתים ו-13 פיצות עם עגבניות, 14 לחמניות עם טוּנָה, 18 לחמניות עם גבינה ו-12 חלות עם מרגרינה.

ושתי עושה סלט גדול. בסלט יש 11 עגבניות, 19 זֵיתִים וסֶלֶרִי. היא עושה גם סלט פֵּרוֹת. היא שמה בסלט 17 בננות והרבה תפוזים.

ושתי חושבת: מה החברות רוצות לאכול? מה אין על השולחן?

? מה אתם חושבים? מה עוד החברות רוצות לאכול, וכמה?

你们认为她的朋友们还想要吃什么呢？需要多少？

ב) פתרו את התרגילים. 完成练习。

מה זה?

דוגמה: *11 + 3 = 14* *אחת עשרה ועוד שלוש הם ארבע עשרה.*

1) = 19 – 7
2) = 9 + 8 – 3
3) = 10 + 9 – 6
4) = 14 + 3 – 3
5) = 18 + 0 – 1
6) = 20 – 16 + 11

ג) בן כמה? בת כמה?

קראו והשלימו: 朗读并完成填空练习。

דוגמה: - *בן כמה אתה?*
- *אני בן חמש עשרה.*

1) - בת כמה הילדה?
- היא ________ .

2) - ________ הוא?
- ________ (13)

3) - בת כמה את, דינה?
- ________ (25)

4) - ________ רינה?
- היא ________(22)

ד) מה השעה? (4)

השעה 20:30

השעה 20:31

השעה 21:11

בטלוויזיה – הכול בעברית

13:17 זמן לעברית

15:13 שירים עבריים

16:30 העברית של התנ"ך

17:16 רגע על עברית

19:18 אופרה בעברית

22:15 שיעור בעברית

23:46 חדשות בעברית קלה

בן חמש שנים לַמִּקְרָא

בן עשר לַמִּשְׁנָה

בן שלוש עשרה לַמִּצְווֹת

בן חמש עשרה לַגְּמָרָא

בן שמונה עשרה לַחֻפָּה

(אבות, ה, כ"ה)

7. **קראו ואמרו את המספרים.** 说出下列数字。

זה לא בריא

ילד: אימא, יש אוכל בבית?

אימא: יש.

ילד: מה יש?

אימא: יש סלט ירקות וסלט פרות.

ילד: אימא, אני לא אוהב סלט. אני רוצה פיצה.

אימא: אתה אוכל 10 פיצות בשבוע. זה לא בריא.

ילד: אולי גלידה?

אימא: אתה אוכל 3 גלידות ביום. זה לא טוב.

ילד: אז מה אני אוכל?

אימא: הינה סלט ירקות או סלט פרות. היום אני אוכלת 9 עגבניות ו- 5 בננות.

? מה אימא אוכל? ומה ילד אוכל?

אז יאללה, ביי!
כל הכבוד!
- בן כמה אתה?
- בן 99.
- כל הכבוד!

- כל אלה הילדים שלך?
- כן.
- כמה?
- 12 בנות ובן אחד.
- כל הכבוד!

- איזה פרחים יפים! הם מהגינה שלכם?
- כן.
- כל הכבוד!

- מה הציון שלך בבחינה במתמטיקה?
- 100.
- כל הכבוד!

8. 把下列句子译成希伯来文。
（1）你在网上找什么？
（2）每次都是你付钱，今天我来。
（3）你用现金还是用支票支付？
（4）我每天都收到很多来自世界各地的电子邮件。
（5）你在以色列做什么？
  我是一名建筑工人，目前在以色列找工作，你在以色列认识什么人吗？
（6）很多人喜欢在周末逛商店，购物，在餐馆吃饭。
（7）以色列人用鲜花、歌声和报纸迎接安息日。
（8）很多学生周末不想起床，因为没有课。
（9）这个周六我想和家人一起去旅行。

（10）今天在大卫家有聚会，有很多好吃的。

（11）大卫有两个孩子，儿子 15 岁，女儿 12 岁。

（12）你一周内吃了 6 个冰激凌，这不利于健康。

词汇表 אוצר מילים

动词 פעלים

מְקַבֵּל, לְקַבֵּל	接受
מְשַׁלֵּם, לְשַׁלֵּם	支付
שָׂם, לָשִׂים	放置

名词 שמות עצם

גְּבִינָה	(נ.)	奶酪
זַיִת	(ז.), זֵיתִים	橄榄
יֶרֶק	(ז.), יְרָקוֹת	蔬菜
לַחְמָנִיָּה	(נ.)	小面包
מְזוּמָן	(ז.)	现金
מְסִיבָּה	(נ.)	聚会
עַגְבָנִיָּה	(נ.)	西红柿
פּוֹעֵל	(ז.)	工人
פֶּרַח	(ז.)	花儿
פְּרִי	(ז.), פֵּרוֹת	水果
קַנְיוֹן	(ז.)	购物中心
שׁוּק	(ז.), שְׁוָקִים	市场

形容词 שמות תואר

בָּרִיא	健康的
מָתוֹק	甜的

其他 שונות

בְּהַצְלָחָה!	祝你成功！
בֶּן כַּמָּה?	多大岁数？（阳性）
בַּת כַּמָּה?	多大岁数？（阴性）

לֹא חָשׁוּב	没关系
כֹּל הַכָּבוֹד!	真了不起!
סוֹף שָׁבוּעַ	周末
פּוֹעֵל בִּנְיָן	建筑工人

מילים לועזית 外来语

אוֹפֶּרָה	(נ.)	歌剧
אִימֵייל	(ז.)	电子邮件
טוּנָה	(נ.)	金枪鱼
סִינֶמָטֶק	(ז.)	电影院
סֶלֶרִי	(ז.)	芹菜
צֶ'ק	(ז.)	支票

注　释:

1. 动词（二）

   בניין פיעל（我们称之为“加强主动干”）其特点是第二个字母带有强点，מְדַבֵּר。要注意三个字母: ב, כ, פ，当这三个字母处在בניין פיעל的第二字母时，其发音和不带点是不同的。

2. 年龄的表达

   בן כמה?用于阳性；בת כמה? 用于阴性。

הילד בן שלוש.
הילדה בת שלוש.

שיעור 10

1. בניין הפעיל – גזרת השלמים – זמן הווה

	ז. 阳性	נ. 阴性
י.单数	מַרְגִּישׁ	מַרְגִּישָׁה
ר.复数	מַרְגִּישִׁים	מַרְגִּישׁוֹת

וגם:מזמין, מסביר, מפסיק, מצליח, מתחיל

ג'וגינג

יוסי רץ כל בוקר חמישה קילומטרים, גם בַּקַיִץ וגם בחורף. איך הוא מצליח לעשות את זה?

הוא מסביר: "ביום ראשון אני רץ רק חצי קילומטר. כך אני מתחיל. ביום שני אני רץ קילומטר וחצי ומספיק. אחרי שבוע אני רץ חמישה קילומטרים ומרגיש נהדר. גם אתם רוצים לרוץ? אני מזמין את כולם לרוץ מחר בשש בבוקר. "

2. שנו כל פעם את ההשלמה. 每次用不同的动词构造型或者宾语等完成句子。

דוגמה: אני מתחיל ללמוד / לעבוד / לדבר / לחשוב /

אני מתחיל ללמוד. *אני מתחיל לעבוד.*

אני מתחיל לדבר. *אני מתחיל לחשוב.*

1) הוא מתחיל ● את השיעור / את העבודה / את הטיול / את הדיאטה /

2) היא מפסיקה ● לשאול / לשיר / לקרוא / לשתות /

3) הם מפסיקים ● את הקונצרט / את הסרט / את הארוחה / את הקורס /

4) אתה מזמין	●	את רון / את החברים / את כולם / את המורה /
5) את מזמינה	●	ספר בספרייה / קפה בבית קפה / מקום במטוס / כרטיס לסרט/
6) אנחנו מזמינים חברים	●	למסיבה / לטיול / למסעדה / לקונצרט /
7) אני מזמין את יוסי	●	לשתות קפה / לרקוד / לטייל בסין / לאכול פיצה /
8) אתם מסבירים	●	את התרגיל / את השיעור / את הבעיה /את השיר /
9) הן מסבירות את הדרך	●	להורים / לחברים / לתלמידים / לתיירים /
10) היא מסבירה	●	איך הולכים לאוניברסיטה / מה קרה / למה הוא לא בא /
11) אנחנו מרגישות	●	מצוין / ככה ככה / טוב מאוד / בסדר /
12) הוא מרגיש	●	כמו ילד / כמו גדול / כמו בבית / כמו בסרטים /
13) אתה מצליח	●	באוניברסיטה / באולפן / בחיים / בעבודה /
14) אתן מצליחות	●	ללמוד סינית / לעשות את התרגיל הזה / לשבת בשקט /

3. א) **מסיבה**

חנה: הלו?!
יוסי: חנה, הי, מה נשמע?
חנה: ככה ככה. לא טוב.
יוסי: מה קרה?
חנה: שום דבר.
יוסי: יש היום מסיבה נהדרת. את רוצה לבוא?
חנה: אני לא יודעת. איפה?
יוסי: בבית של דני.
חנה: איפה זה?
יוסי: את לא יודעת איפה דני גר? ליד התאטרון.
חנה: מתי זה מתחיל?
יוסי: בעשר.
חנה: מי בא?
יוסי: כולם.
חנה: איך נוסעים ל...

יוסי: אוי, חנה, סליחה, מישהו בפלאפון. להת...

ב) מצאו בשיחה את השורה המתאימה למשפט ואמרו באיזו שורה אומרים...:

在对话中找出适合下列句子的行，并说出在哪行：

1) חנה מרגישה לא טוב. שורה...
2) יוסי מסביר לחנה איפה דני גר. שורה...
3) יוסי מפסיק לדבר עם חנה. שורה...
4) חנה מתחילה לשאול משהו. שורה...
5) יוסי מזמין את חנה למסיבה. שורה...

4. כתבו את הפועל בצורה הנכונה. 写出动词的正确形式。

דוגמה: *מתי את מתחילה לעבוד?* (להתחיל)

1) היא הולכת הביתה, כי היא לא______טוב. (להרגיש)
2) למה אתה______לעבוד, אתה לא רוצה כסף? (להפסיק)
3) המורה ______את המילים, אבל אני לא מבין. (להסביר)
4) דינה רוצה ______את כל התלמידים למסיבה. (להזמין)
5) אני לא רוצה ללכת לשיעור, כי אני לא ______טוב. (להרגיש)
6) דינה לא ______לדבר בטלפון. היא מדברת כבר שעה. (להפסיק)
7) מחר אנחנו ______לעבוד בשש בבוקר, כי יש הרבה עבודה. (להתחיל)
8) אתם ______את כולם למסיבה? (להזמין)
9) אני לא ______לעשות דיאטה. (להצליח)

5. בניין הפעיל – גזרת שלמים – שם פועל

הווה	שם הפועל
מַזְמִין מַסְבִּיר מַפְסִיק מַרְגִּישׁ מַתְחִיל	לְהַזְמִין לְהַסְבִּיר לְהַפְסִיק לְהַרְגִּישׁ לְהַתְחִיל

6. השלימו את שמות הפועל: 选择动词构造型填空。
להרגיש / להפסיק / להתחיל / להצליח / להזמין / להסביר /

א) בוריס עולה לארץ

בוריס עולה לארץ עם האישה והילדים. הוא רוצה ... חיים חדשים בישראל. הוא עובד והוא רוצה מאוד ... בעבודה החדשה. בחודשים הראשונים בוריס פוגש רק חברים מרוסיה. אחרי כמה חודשים הישראלים כבר רוצים ... את בוריס למסיבות, והוא מתחיל ... כמו בבית. אחרי שנה הוא כבר יודע ... לישראלים את הפוליטיקה בישראל.
אחרי שלוש שנים הילדים של בוריס רוצים ... לדבר רוסית. הם רוצים לדבר רק עברית. בוריס לא יודע מה לעשות: לדבר עם הילדים ברוסית או בעברית?

ב) שוחחו זה עם זה על הבעיה של בוריס וכתבו מה דעתכם.
相互谈论**בוריס**的问题，并写出你们的意见。

7. השלימו את הפעלים בטבלה. 完成表格中的动词填空练习。

הווה				שם הפועל
י.		ר.		
ז.	נ.	ז.	נ.	
מזמין				
	מסבירה			
		מתחילים		
			מרגישות	

8. א) שאלו זה את זה. 相互提问。

- אתה אוהב לקרוא ספרים?
- איזה ספרים אתה אוהב לקרוא?
- מתי אתה קורא?
- איזה ספרים אתה קורא לשיעורים באוניברסיטה?

ב) החיים בלי ספרים

הרבה אנשים בעולם המודרני מצליחים בחיים בלי לקרוא ספרים. הם לא

קוראים ספרים, לא קונים ספרים, לא מזמינים ספרים בספרייה ולא יושבים עם ספר – לא בבית, לא בגן ולא בבית קפה.
גם הילדים בעולם המודרני לא קוראים הרבה ספרים. הם רואים טלוויזיה הרבה שעות ביום ומשחקים במחשב. הם "קוראים" רק באינטרנט.
יורם ברונובסקי, עיתונאי ישראלי, כותב: בזמן האחרון הורים, מורים, ואינטלקטואלים לא יודעים מה לעשות. הם חושבים: אין חיים בלי ספרים! אבל, אומר יורם ברונובסקי, יש חיים בלי ספרים. הספרים הם דבר חדש בהיסטוריה. העולם העתיק הוא עולם בלי ספרים. פילוסופים חשובים כותבים על חיים אידאליים בטבע, והחיים בטבע הם חיים בלי ספרים.
אפלטון, הפילוסוף היווני, (427-347), אומר: אנשים מטיילים בטבע, שומעים סיפורים, מדברים עם חברים , שרים ורוקדים, מרגישים את העולם ומבינים את החיים. הספרים לא מסבירים שום דבר.
"אולי באמת בעולם המודרני (והפוסט – מודרני) אין עתיד לספרים? – שואל יורם ברונובסקי, אולי אנחנו באמת מתחילים להבין ולהרגיש את העולם כמו הפילוסופים הגדולים וכמו בעולם העתיק?"

ג) **ענו לפי הטקסט.** 根据课文回答问题。
1) מה חושבים ההורים והמורים?
2) מה חושבים הפילוסופים?

ד) **שוחחו בזוגות:** 两人一组讨论。
- עולם עם ספרים ועולם בלי ספרים?
- מה הוא העולם הטוב? למה?

אז יאללה, ביי!

9. א) השלימו את המשפטים או סמנו ✓ ליד המשפטים שאתם מסכימים איתם.
完成下列句子或在你们同意的句子边上打勾。
1) אני מת/ מתה על הספרים של...
2) הספרים של ... עושים לי משהו.
3) אין כמו הספרים של...!
4) אני מכיר / מכירה את כל הספרים של ...
5) אני תמיד קורא את הספר האחרון של...

6) לפעמים אני מתחיל / מתחילה לקרוא את הספר מהסוף.
7) אני לא מפסיק / מפסיקה ספר באמצע.
8) לפעמים אני לא רוצה לדעת את הסוף.
9) כל יום אני קורא / קוראת ספר.
10) אני קורא / קוראת רק עיתונים.

ב) אמרו זה לזה עוד 3 משפטים בנושא ספרים וכתבו אותם.

相互再说三句有关书的话题并写下来。

10. כל + שם עצם מיודע ברבים 复数确指名词 + כל

(לא) —
כל האנשים אוכלים פלאפל.
כל אחד אוכל פלאפל.

א) בחרו את המסקנה הנכונה. 选择正确结论。

1) ישראלי הולך ברחוב ומכיר הרבה אנשים.
- כל הישראלים הולכים ברחוב.
- הישראלים מכירים את כל האנשים ברחוב.
- הישראלים מכירים הרבה אנשים ברחוב.

2) כל השנה באים תיירים לסין.
- כל שנה באים תיירים לסין רק בקיץ.
- תיירים באים לסין גם בקיץ וגם בחורף.
- בקיץ ובחורף אין תיירים בסין.

3) לא כל יום בבייג'ינג יש שמש.
- בבייג'ינג יש ימים בלי שמש.
- בבייג'ינג כל היום יש שמש.
- אין בבייג'ינג ימים בלי שמש.

4) בשבת כל הישראלים קוראים עיתונים.
- כל ישראלי קורא עיתונים בשבת.
- הישראלים קוראים את כל העיתונים.
- הישראלים קוראים עיתונים כל יום.

5) בחנוכה במאה שערים יש חנוכייה על כל חלון.
- על כל החלונות במאה שערים יש חנוכיות בחנוכה.

- במאה שערים אין חלונות עם חנוכיות בחנוכה.
- לא על כל החלונות במאה שערים יש חנוכיות בחנוכה.

6) הישראלים אוהבים ללכת לשוק, כי בשוק משלמים רק 10 שקלים ל-20 פיתות.
- כל פיתה בשוק עולה חצי שקל.
- כל הפיתות בשוק עולות 20 שקל.
- כל ישראלי קונה 20 פיתות בשוק.

7) בהרבה מקומות בישראל אין אוטובוס בשבת.
- בכל מקום בישראל אין אוטובוס בשבת.
- בכמה מקומות בישראל אין אוטובוסים בשבת.
- בשבת יש אוטובוסים בכל מקום בישראל.

8) הסינים שומעים חדשות ברדיו כל שעה.
- ברדיו בסין יש חדשות של כל שעה.
- בסין כל שעה אומרים בחדשות מה השעה.
- בסין יש חדשות ברדיו בשבע וגם בשמונה.

11. (א) **השלימו:** 完成填空。

כל + האנשים ● המסיבות ● הסיפורים ● החדשות ● החברים ● החברות ●

מי לא מכיר את איתן?

כולם מכירים את איתן. הוא בחור נהדר. _____אוהבות את איתן. איתן יודע תמיד איפה יש מסיבה, הוא הולך ל_____. הוא הולך לבית קפה ופוגש את _____ החשובים. הוא שומע שם את _____ המעניינים בעיר והוא מספר לכולם את _____ האחרונות. הוא מזמין תמיד את _____ הביתה, אבל מתי הוא בבית?

ב) **בחרו את ההשלמה הכי מתאימה:** 选择最合适的答案填空。

איתן הוא:

א. בחור משעמם
ב. בחור פופולרי
ג. איש חשוב
ד. בחור שקט

ג) כתבו סיפור על בחורה דומה או לא דומה לאיתן. השתמשו ב- כל + שמות עצם מיודעים ברבים.

写一个类似或不同于**איתן**的姑娘的故事。用**כל**加复数确指名词。

12. 把下列句子译成希伯来文。

（1）我今天不去上课了，感觉不舒服。

（2）今天我请客，你们想吃什么随便点。

（3）你明白老师的解释吗？

（4）他们减肥成功了。

（5）我停止工作了，因为我想开始学习计算机。

（6）我告诉你怎么去博物馆。

（7）很多人不读书，但事业上也获得了很大的成功。

（8）很多孩子不喜欢读书，他们看电视，玩电脑。

（9）也许人们像伟大的哲学家一样开始感受世界，理解生活。

（10）你认为理想的生活是什么样的？

（11）我做了所有的练习。

（12）我认识丹尼的所有朋友。

（13）人人都爱钱。

（14）我整年都在以色列找工作，但是没有成功。

（15）电视里每天都有关于以色列的新闻。

词汇表 אוצר המילים

动词 פעלים

מֵבִין, לְהָבִין	理解，明白
מַזְמִין, לְהַזְמִין	邀请
מַסְבִּיר, לְהַסְבִּיר	解释
מַפְסִיק, לְהַפְסִיק	停止
מַצְלִיחַ, לְהַצְלִיחַ	成功
מַרְגִּישׁ, לְהַרְגִּישׁ	感觉
מַתְחִיל, לְהַתְחִיל	开始

名词 שמות עצם

גַּן	(ז.)	花园，公园
חוֹדֶשׁ	(ז.)	月
עִיתוֹנַאי	(ז.)	记者
עָתִיד	(ז.ר.0)	将来
פֶּלֶאפוֹן	(ז.)	手机
קַיִץ	(ז.), קֵייצִים	夏天

形容词 שמות תואר

אַחֲרוֹן	最后的
חָשׁוּב	重要的
יְוָונִי	希腊的
נֶהְדָּר	极好的

其他 שונות

אַחֲרֵי	……之后
כָּךְ	如此
מַה קָּרָה?	怎么回事？

俚语 סלנג

כָּכָה כָּכָה	一般

外来语 מילים לועזיות

אִינְטֶלֶקְטוּאָל	(ז.)	知识分子
ג'וֹגִינג	(ז.ר.0)	跑步者
פּוֹסְט מוֹדֶרְנִי	(ש"ת)	后现代
פִילוֹסוֹף	(ז.)	哲学家
פּוֹפּוּלָרִי	(ש"ת)	流行的，受欢迎的

注释

1. כל ＋ 单数泛指名词

כל אחד	每一个
כל ספר	每本书

כל תלמיד　　每个学生
כל שנה　　每年

2. כל + 单数确指名词

כל היום　　整天
כל העולם　　全世界
כל הכיתה　　全班
כל הספר　　整本书

3. כל + 复数确指名词

כל הספרים　　所有书
כל התלמידים　　所有学生
כל החיים　　整个一生
כל המורות　　所有教师

● 注意：动词要和名词在性数方面保持一致。

כל תלמיד מצליח.
כל אחד עובד.
כל הסטודנטים באים לכיתה.

4. 动词（三）

本课中出现的 מסביר, מזמין, מתחיל, מפסיק 是 בניין הפעיל（我们称之为"使役主动干"）的规则动词变化。

שיעור 11

1. מספרים בזכר 11– 20 阳性基数词 11- 20

11) אַחַד עָשָׂר בולים
12) שְׁנֵים עָשָׂר מכתבים
13) שְׁלוֹשָׁה עָשָׂר פקסים
14) אַרְבָּעָה עָשָׂר טלפונים
15) חֲמִישָׁה עָשָׂר טלפונים
16) שִׁישָׁה עָשָׂר מברקים
17) שִׁבְעָה עָשָׂר כרטיסים
18) שְׁמוֹנֶה עָשָׂר שקלים
19) תִּשְׁעָה עָשָׂר פקידים
20) עֶשְׂרִים עָשָׂר צ'קים

2. א) בדואר – בולים, גלויות, מכתבים

פקיד: בוקר טוב.
יעל: בוקר טוב. תן לי בול למכתב, בבקשה.
פקיד: לאן אתה רוצה לשלוח את המכתב?
יעל: לסין. כמה זה עולה?
פקיד: ארבעה שקלים.
יעל: וכמה עולה מעטפה למכתב?
פקיד: עשר אגורות.
יעל: תודה. כמה זה ביחד?
פקיד: ...
? כמה יעל משלמת בדואר?

פקידה: שלום.
רחל: שלום. אני רוצה לשלוח ציור במעטפה גדולה לבייג'ינג. כמה זה עולה?

פקידה:	עשרים וחמישה שקלים.
רחל:	אני רוצה גם שלוש גלויות יפות.
פקידה:	בדואר יש רק גלויות פשוטות.
רחל:	טוב, אז שלוש גלויות פשוטות, וגם שלושה בולים למכתב בארץ. כמה עולה בול?
פקידה:	בול למכתב בארץ עולה שקל וחצי.
רחל:	אז כמה אני משלמת?
פקידה:	...

? כמה רחל משלמת בדואר?

ב) **בדואר - מברקים**

פקיד:	בוקר טוב!
יצחק:	בוקר טוב. אני רוצה לשלוח שלושה מברקים.
פקיד:	לאן?
יצחק:	לאמריקה, לצרפת ולתל אביב. כמה זה עולה?
פקיד:	מברק לחו"ל עולה עשרה שקלים ובארץ שני שקלים. איזה מברקים אתה רוצה לשלוח?
יצחק:	אני רוצה לשלוח מברק אחד של "מזל טוב" לחבר, מברק אחד של "מזל טוב" לחברה ומברק אחד של "מזל טוב" לחבר וחברה.
פקיד:	לחוץ לארץ?
יצחק:	לא, שנים לחו"ל, אחד בארץ. כמה זה עולה?
פקיד:	22 שקלים ביחד.
יצחק:	הינה הכסף. תודה רב. יום טוב!
פקיד:	יום נעים.

ג) **בדואר – חבילות**

פקידה:	ערב טוב.
רינה:	ערב טוב. אני רוצה לשלוח חבילה לדנמרק.
פקידה:	בדואר אוויר?
רינה:	כן.
פקידה:	הינה. חמישה בולים של שקל וחצי ועשרה בולים של עשר אגורות.
רינה:	תודה.
פקידה:	... שקלים בבקשה.

? **כמה רינה משלמת בדואר?**

ד) **בדואר – חשבונות**

דינה: שלום, אני רוצה לשלם הרבה חשבונות. זה בסדר?

פקיד: אין בעיה.

דינה: טוב. הינה – מים, גז, אינטרנט.

פקידף: זהו? זה לא הרבה.

דינה: רגע, רגע, זה לא הכול, גם טלפון.

פקיד: איך את משלמת?

דינה: בצ'קים.

פקיד: או קיי.

? **כמה חשבונות דינה משלמת?**

ה) **כתבו עוד שיחה בדואר.** 写一段在邮局的对话。

3. א) **שוחחו זה עם זה על: מכתבים, פקסים, אימיילים.**

就发信、传真和电子邮件进行对话。

- כמה זה עולה?
- כמה זמן מפה לשם?
- במה כותבים?
- איך שולחים?

ב) **מכתב, פקס או אי – מייל?**

היום הרבה אנשים כבר לא שולחים מכתבים, או גלויות. עכשיו שולחים פקס או אי–מייל בדואר אלקטרוני. הפקס והאי–מייל פופולריים מאוד בכל העולם וגם בישראל. בסלנג הישראלי כבר יש פועל חדש – לפקסס :" רותי מפקססת לדני, ודני מפקסס לרותי". לאי–מייל עוד אין פועל. אומרים: לשלוח אי–מייל.

מה מיוחד בפקס או באי–מייל?

אנשים שולחים את הפקס או את האי- מייל מהבית בלי לקום מהכיסא, ומקבלים תשובות מהר מאוד.

האי – מיילים לפעמים קצרים מאוד, כי הם כמו שיחות של חברים. לפעמים יש באי–מיילים שפה מיוחדת והומור מיוחד, למשל: = אני שמח, או: = אני עצוב.

אי–מיילים ופקסים שולחים גם לחנויות – קונים ומשלמים בפקס. פקסים שולחים גם לעבודה, למורים, לתלמידים, לחברים, לרדיו ולאלוהים.
ליד הכותל המערבי בעיר העתיקה בירושלים יש משרד מיוחד. מכל העולם שולחים פקסים למשרד הזה, ומישהו מהמשרד שָׂם את הפקסים בכותל.

? מאין כותבים פקסים? מי מקבל פקסים?

? מה אתם חושבים: למה לכותל שולחים פקסים ולא אי – מיילים?

ג) **כתבו: מה אתם אוהבים לכתוב ולקבל? פקס, אי מייל או מכתב בתוך מעטפה עם בול? למה?** 你们喜欢写和收到传真、电子邮件还是信件？为什么？

ד) 1) **מכתבי ילדים לאלוהים**

שלום אלוהים,
אני רוצה להיות חברה של דן.
מה לעשות, אלוהים?

אלוהים היקר,
מה שלומך?
אני בסדר.
להתראות

אלוהים היקר,
אני רוצה כלב קטן בבקשה
תודה

2) **כתבו גם אתם פקס לכותל.** 你们也给哭墙发一份传真。

א) **התאימו את ביטויי הפתיחה לביטויי הסיום במכתבים.**

ב) **כתבו אילו ביטויים מתאימים למכתבים פורמליים ואילו למכתבים אישיים.**

使信的开头和结尾一致。

写出哪些表达是符合正规书信的，哪些表达是私人间的。

סיומים 结尾	פתיחות 开头

ל... שלום רב,	בי
הי...	אוהב/אוהבת מאוד מאוד
ל...היקר / היקרה	בברכה
חמודי,	כל טוב

4. סמיכות יחיד

ז. 阳性 נ. 阴性	עץ תפוזים עוגת תפוזים	עץ... עוּגָה עוּגַת... ָה ַת

א) אומרים:

שיעור בהיסטוריה	או	שיעור היסטוריה
שיר על אהבה	או	שיר אהבה
ספר לילדים	או	ספר ילדים
מיץ מתפוזים	או	מיץ תפוזים
חבילה של מרגרינה	או	חבילת מרגרינה
בקבוק עם יין	או	בקבוק יין

ב) התאימו את הסמיכות בטור 1 לצירופים בטור 2

把意思相同的名词组合式和普通词组用线相连。

1	2
עוגת פרות	דירה של סטודנטים
סלט ירקות	עוגה עם שוקולד
חבר קיבוץ	סיפור של אהבה
דירת סטודנטים	סלט עם ירקות
סיפור אהבה	ארוחה בבוקר
כרטיס אוטובוס	חבר בקיבוץ
עוגת שוקולד	עוגה עם פרות
ארוחת בוקר	כרטיס לאוטובוס

ג) כתבו את הסמיכות. 写名词组合式。

דוגמה: *עיתון / בוקר – עיתון בוקר*

עוגה / גבינה	סלט / פרות
שיעור / אנגלית	מספר / טלפון
חברה / קיבוץ	אוטובוס / תיירים
ארוחה / צהריים	פסטיבל / סרטים
מדבר / יהודה	תיבה / דואר
שיר / ילדים	חנות / בגדים

5. **סמיכות רבים**

阳性 .ז	עצי תפוזים	עצים עצי... מִים מֵי...
阴性 .נ	עוגות תפוזים	עוגות עוגות... סוֹת סוֹת...

א) **כתבו ברבים.** 写出名词组合式的复数。

דוגמה: ספר פיזיקה -   *ספרי פיזיקה*

מסיבת סטודנטים -   *מסיבות סטודנטים*

שיעור היסטוריה
דירת סטודנטים
טיול בוקר
שיר אהבה
כלב רחוב
חברת כנסת
בית חולים
שיחת טלפון
עיתון ערב
חנות ספרים

ד) **סמנו את הסמיכויות.** 标出名词组合式。

שרון

שרון גרה בדירת סטודנטים. כל יום היא קמה ועושה טיול בוקר. היא הולכת לגן ליד האוניברסיטה. שקט בבוקר בגן. לפעמים עובר שם כלב רחוב, אמבולנס

לבית חולים או אוטובוס תיירים. היא יושבת וכותבת משהו: ספר ילדים, או סיפור אהבה ואולי שיר אהבה. היא כותבת ושמה במעטפה . בדרך הביתה היא שמה את המעטפה בתיבת דואר ושולחת.

מה אתם חושבים: מה שרון כותבת? למי היא כותבת?

.6 א) **קראו את צירופי הסמיכות** 朗读下列名词组合式

דואר אוויר	בית ספר	שיעור בית	תפוח עץ	מזג אוויר
בית כנסת	בית קפה	יום הולדת	מלחמת עולם	

ב) **קראו את המשפטים ואמרו: מה זה או איפה זה.**

阅读下列句子并说出是什么或者在何处。

בית כנסת ● בית ספר ● שיעור בית ● יום הולדת ●

בית חולים ● מזג אוויר ● תפוח עץ ● בית קפה ●

דוגמה: *בדואר הזה מקבלים מכתבים, גלויות או חבילות מחו"ל אחרי שבוע.*

דואר אוויר

1) ביום הזה האנשים שמחים, עושים מסיבה ומקבלים מתנות.
2) קוראים שם בתורה ביום שני, ביום חמישי ובשבת.
3) שותים שם ואולי גם אוכלים עוגה או סנדוויץ'.
4) יש שם תלמידים ומורים.
5) יש שם אנשים לא בריאים.
6) אוכלים את זה וגם עושים מזה עוגה.
7) מקבלים מהמורה בשיעור, ועושים את זה בבית.
8) חם, קר, יפה, או נעים.

.7 א)

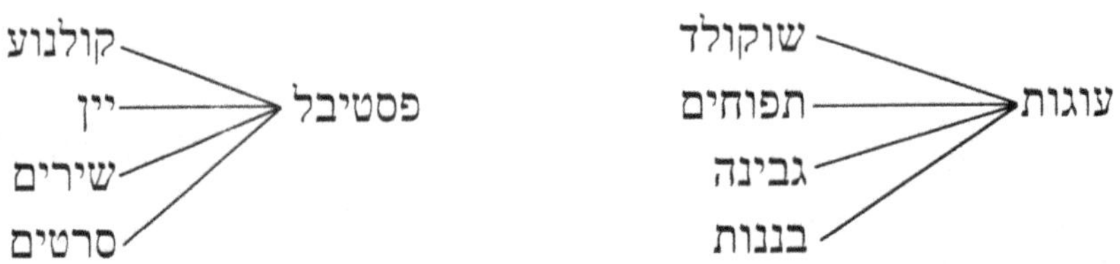

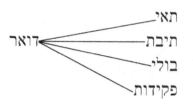

בתי — ספר / קפה / חולים / כנסת

דואר — תאי / תיבת / בולי / פקידות

אהבה — סיפור / מילת / מכתבי / שירי

ב) כתבו עוד סמיכויות כרצונכם. 根据自己的意愿再增加一些名词组合式。

בגדי חורף	חנויות בגדים
בגדי ילדים	חנויות אוכל
בגדי	חנויות
בגדי	חנויות
שעת בוקר	עוגות שבת
טיול בוקר	שירי שבת
בוקר	שבת
בוקר	שבת

ג) כתבו במשפטים את הסמיכויות המתאימות. 在句中填写合适的名词组合式。

יום הולדת / מזג אוויר / סיפור אהבה / סלט טונה / בתי חולים / דואר אוויר / בתי כנסת / עוגת גבינה / חבילות שוקולד /

1) הסלטים טובים מאוד. תן לי בבקשה עוד קצת...
2) יש שם...נהדר. לא חם ולא קר.
3) לא, תודה. אני לא רוצה לאכול... אני בדיאטה.
4) מזל טוב! יש לך...היום?
5) בסרט הזה יש...של בחורה ישראלית ובחור רוסי.
6) אני שולחת את המכתב לסין ב...
7) בירושלים יש חמישה...גדולים, אבל אין מספיק מקום לכל החולים.
8) במאה שערים יש הרבה...הרבה אנשים באים לשם כל יום.
9) אני קונה ארבע..., כי אני עושה שתי עוגות שוקולד.

8. 把下列句子译成希伯来文。

（1）我想买一个新手机。

（2）请给我两个信封、三张邮票，一共多少钱？

（3）我要发一份传真到国外，一份到国内。

（4）我要交很多费，水费、电话费、煤气费还有网费，可以吗？

（5）现在人们已经不寄信了，开始发电子邮件和传真。

（6）人们在网上购物和付账。

（7）我想去商店买一件游泳衣。

（8）大卫买了 5 张电影票，邀请全家去看电影。

（9）他没有做家庭作业，因为他喝了一瓶酒。

（10）大卫通过电子邮件给一个漂亮姑娘发了一首爱情诗。

（11）我不喜欢历史课，喜欢希伯来文课。

（12）他们早晨喝橙汁，吃巧克力蛋糕。

（13）一辆公共汽车经过那儿。

（14）今天是大卫的生日，他要办一个晚会，邀请所有的朋友参加。

（15）今天天气真好，不冷不热很惬意。

词汇表 אוצר המילים

动词 פעלים

发传真		מְפַקְסֵס, לְפַקְסֵס
经过		עוֹבֵר, לַעֲבוֹר
寄		שׁוֹלֵחַ, לִשְׁלוֹחַ

名词 שמות עצם

阿高拉（=1 谢克的 1/100）	(נ.)	אֲגוֹרָה
上帝	(ז.ר.)	אֱלוֹהִים
邮票	(ז.)	בּוּל
医院	(ז.)	בֵּית חוֹלִים
瓶子	(ז.)	בַּקְבּוּק
邮件	(ז.ר.ס)	דּוֹאַר
航空邮件	(ז.ר.ס)	דּוֹאַר אֲוִויר
包裹，包	(נ.)	חֲבִילָה

生日	(ז.)	יוֹם הוּלֶדֶת
狗	(ז.), כַּלְבָּה (נ.)	כֶּלֶב
电报	(ז.)	מִבְרָק
天气	(ז.ר.0)	מֶזֶג אֲוִיר
信封	(נ.)	מַעֲטָפָה
办公室	(ז.)	מִשְׂרָד
职员，官员	(ז.), פְּקִידָה	פָּקִיד
会话，交谈	(נ.)	שִׂיחָה
家庭作业	(ז.ר.)	שִׁיעוּרֵי בַּיִת
邮箱	(נ.)	תֵּיבַת דּוֹאַר
苹果	(ז.), תַּפּוּחֵי עֵץ	תַּפּוּחַ עֵץ
答复	(נ.)	תְּשׁוּבָה

形容词　שמות תואר

亲爱的		יָקָר
悲伤的		עָצוּב
简单的		פָּשׁוּט
短的		קָצָר
高兴的		שָׂמֵחַ

其他　שונות

| 请给我（阳性） | (ז.) | תֵּן לִי! |
| 请给我（阴性） | (נ.) | תְּנִי לִי! |

外来语　מילים לועזיות

煤气	(ז.)	גָּז
电子的		אֶלֶקְטְרוֹנִי
电话卡	(ז.)	טֶלֶכַּרְט
传真	(ז.)	פַקְס

注　释

名词组合式（一）

　　根据一定的规则把两个或者三个名词组合在一起，表示一个概念，我们称之为名词组合式。运用组合式时要注意以下几点：

（1）冠词出现在第二个名词上。

בית הספר

（2）如果第一个名词是阴性单数◌ָה结尾，要变成◌ַת。

עוּגַת שוקולד

（3）如果第一个名词是阳性复数结尾◌ִים，要变成◌ֵי。

עֲצֵי תפוזים

שיעור 12

1. בניין התפעל – גזרת השלמים – זמן הווה

	ז. 阳性	נ. 阴性
י. 单数	מִתְלַבֵּשׁ	מִתְלַבֶּשֶׁת
ר. 复数	מִתְלַבְּשִׁים	מִתְלַבְּשׁוֹת

וגם: מתחתן, מתפלל, מתגרש, מתרחץ

(א)

- מה הם עושים?
- הם מתחתנים.
- מה הוא עושה?
- הוא מתפלל.
- מה הן עושות?
- הן מתרחצות.
- מה היא עושה?
- היא מתרגשת.
- מה הם עושים?
- הם מתלבשים.

(ב) השלימו את הפעלים בצורה הנכונה. 填写合适的动词形式。

דוגמה: בכל בוקר היא מתרחצת. *אתה מתרחץ.*
אנחנו מתרחצים.
הן מתרחצות.

1) הם מתחתנים היום.　　היא...

הן...

אתה...

2) אני תמיד מתרגש לפני בחינות.　　הם...

רון...

רינה ודינה...

ג) **השלימו את הפעלים המתאימים לפי ההקשר בצורה הנכונה.**

根据上下文填写合适的动词。

חתונה בכותל

רותי: חנה, את רוצה ללכת לסרט?

חנה: לא תודה, אני רצה לכותל.

רותי: למה את רצה? בכותל...כל היום וכל הלילה.

חנה: אבל היום יש חתונה בכותל. עכשיו אני הולכת הביתה,...,... ורצה לשם לחתונה.

רותי: מי......?

חנה: החבר של הבעל של המורה של יוסי.

רותי: את מכירה את החתן?

חנה: לא.

רותי: את הכלה?

חנה: לא, אבל אני......כל כך!

2. **בניין התפעל – גזרת השלמים – שם הפועל**

הווה	שם הפועל
מתחתן	לְהִתְחַתֵּן
מתלבש	לְהִתְלַבֵּשׁ
מתפלל	לְהִתְפַּלֵּל
מתרגש	לְהִתְרַגֵּשׁ
מתרחץ	לְהִתְרַחֵץ

א) מה פתאום?

קראו את השאלה, ענו עליה ושבצו את הביטוי מה פתאום.

填写**"מה פתאום"**

דוגמה: *אבא: יוסי, מחר הבחינה הגדולה. אתה מתפלל?*

יוסי: מה פתאום להתפלל לפני בחינה?

1) אימא: רוני, מתי אתה קם? כבר שבע וחצי? אתה לא מתרחץ?
2) רחל: רני, מחר החתונה. אתה מתרגש?
3) אבא: דני, אתה כבר בן 26! מתי אתה מתחתן?
4) דודה רחל: היום יש מסיבת יום הולדת לדוד משה. אתם מתלבשים יפה?

ב) השלימו את שם הפועל באחד הפעלים בהתפעל לפי הקשר.

根据上下文填写合适的动词构造型。

1) אין מים חמים. אני לא אוהב________ במים קרים.
2) אבא אומר לרון לא________לפני הבחינה, אבל הוא מתרגש מאוד.
3) דינה ילדה בת עשר, אבל היא אוהבת________כמו אישה – "כמו גדולה".
4) דינה בת 25 ויש לה חבר כבר חמש שנים. הם רוצים לגור ביחד, אבל הם לא רוצים________בגיל צעיר כל כך.
5) - אני מתרגש נורא. תגיד, מה לעשות?
- _______, ואז הכל בסדר.

ג) השלימו את הפעלים בטבלה. 填写表格中的动词。

הווה				שם הפועל
י.		ר.		
ז.	נ.	ז.	נ.	
מתרגש				
	מתרחצת			
		מתחתנים		
			מתלבשות	
				להתפלל

3. אבא, מה הוא עושה?

- אבא, מה הוא עושה? הוא מתכתב עם אלוהים?
- הוא כותב לאלוהים. הוא לא מתכתב עם אלוהים.

- אבא, למה הם לובשים בגדים שחורים וכובעים שחורים?
- כי כך האנשים מתלבשים במאה שערים.

- אבא, מה הוא עושה? הוא רוחץ את הידיים בים?
- לא, הוא הולך להתרחץ בים.
- אבל עכשיו חורף. המים בטח קרים נורא!
- אז מה? הוא בריא.

לכתוב – להתכתב　　　ללבוש – להתלבש　　　לרחוץ – להתרחץ

4. יש בעיה? זה לא נורא!

בישראל, כמו בהרבה מקומות אחרים, אנשים כותבים מכתבים לעיתון.
למשל, מכתבים לפסיכולוג של העיתון. במכתבים האלה האנשים שואלים את הפסיכולוג מה לעשות והוא כותב תשובות קצרות. לפעמים יש בתשובות קצת הומור.

קראו את המכתבים שנכתבו לעיתונים שונים וכתבו, כרצונכם, את התשובות שקיבלו האנשים למכתבים אלה.

阅读写给各报刊的信，并按照你们自己的想法回信。

1) שלום דניאלה,
אני בת 30. יפה, נחמדה ועם הרבה אהבה לעולם. אז למה אני לא מתחתנת?

2) רות היקרה,
אני אימא לילד בן חמש. הוא ילד טוב, נעים ואִינְטֶלִיגֶנְטִי, אבל הוא לא רוצה להתרחץ. מה לעשות?

3) שלום רב,
אני בחור דתי ומתפלל כל יום, אבל לפעמים אני לא חושב על המילים של התפילה, ואני מתחיל לחשוב על המשפחה ועל העבודה וגם על הכסף בבנק. זה נורמלי? זה בסדר?

4) הי זיגמונד,

אני סטודנטית באוניברסיטה. אני לומדת מצוין, אבל אני מתרגשת תמיד לפני בחינות. גם בכיתה אני מתרגשת. אני לא מדברת בשיעורים ולא שואלת שאלות. מה לעשות?

5. א) קצת על מאה שערים

מאה שערים היא מהשכונות הראשונות בירושלים. היא קמה ב-1874. גרים שם יהודים דתיים מאוד. האנשים במאה שערים מתלבשים כמו היהודים באירופה במאה ה-18 ובמאה ה-19.

בשכונה יש בתי כנסת רבים. הגברים מתפללים שם שלוש פעלים ביום. ליד הרבה בתי כנסת יש מקווה. הגברים מתרחצים במקווה לפני שבת ולפני חג והנשים מתרחצות שם בזמנים אחרים.

במאה שערים יש גם הרבה ישיבות. בישיבות לומדים ילדים ובחורים.

הבחורות הצעירות לומדות בבית ספר עד גיל שבע עשרה או שמונה עשרה ומתחתנות. בחורה בת עשרים היא כבר אימא עם שניים או שלושה ילדים. גם הבחורים מתחתנים בגיל צעיר – בני שמונה עשרה או תשע עשרה, וממשיכים ללמוד גם אחרי החתונה.

ברחובות של מאה שערים יש הרבה חנויות מיוחדות. תיירים באים לחנויות האלה וקונים ספרים כמו: תנ"ך, משנה, תלמוד. הם קונים גם מזוזות, טָלִיתוֹת ועוד.

ברחובות של השכונה יש תמיד הרבה מודעות. המודעות בעברית, אבל לפעמים יש מילים ביידיש. האנשים קוראים את המודעות האלה כמו עיתון ויודעים מה חדש בשכונה. למשל: חנות כובעים מזמינה את כולם לבוא ולראות את הכובעים החדשים לפסח. או: מבקשים מבחורים ומבחורות לא לטייל בשכונה ביחד. או: רבנים מזמינים את כולם לבוא להתפלל לגשם.

ב) קראו ומארו: נכון / לא נכון 根据课文内容回答 **נכון / לא נכון**.

במאה שערים

1) האנשים לובשים בגדים מודרניים.
2) גם גברים וגם נשים מתרחצים במקווה.
3) יש הרבה בתי כנסת וישיבות.
4) הבחורות מתחתנות לפני גיל 20.
5) אין חנויות בגדים וחנויות כובעים.
6) הבחורים לא לומדים אחרי החתונה.
7) במודעות ברחובות יש חדשות מהשכונה.

6. סמיכות + שם תואר

חבר כנסת חשוב	חברת כנסת חשובה
חברי כנסת חשובים	חברות כנסת חשובות

א) כתבו את שם הצירופים ברבים. 把下列词组改写成复数。

1) שיעור מתמטיקה קשה שיעורי מתמטיקה קשים.

2) עיתון ערב משעמם

3) סיפור אהבה עצוב

4) בית כנסת עתיק

5) ספר ילדים חדש

ב) כתבו מהמילים משפטים. 用下列单词组句。

1) קר / שותה / תפוזים / הוא / מיץ /

2) נעים / יש / בחורף / מזג אוויר / ?

3) ירקות / בוקר / אוכלת / היא / כל / סלט / בריא /

4) סרטים / נהדר / בירושלים / פסטיבל / יש / באפריל / בסינמטק /

5) לא / קשים / אני / שיעורי בית / ולא / אוהב / קלים /

6) קצר / הם / בוקר / הולכים / לטיול /

7) יושבות / בבית קפה / הסטודנטיות / שקט /

8) יודעת / עוגת / לעשות / את / פשוטה / גבינה /?

אז יאללה, ביי!

- מה אתה עושה?
- מסתלבט.
- איזה כיף!

- אתם לא בכיתה עכשיו?
- לא, אנחנו מתפרפרים משיעור עברית.

7. 把下列句子译成希伯来文。

（1）犹太教徒每天都祈祷。

（2）我喜欢洗凉水澡。

（3）怎么办呢，考试前我总是很紧张。

（4）他还是个小孩子，可是他总是喜欢穿得像个大人似的。
（5）丹妮有男朋友已经十年了，但是她不想结婚。
（6）希伯来文班建于 1985 年。
（7）丹妮 20 岁，已经是两个孩子的妈妈了。
（8）丹尼婚前工作，婚后就不干了。
（9）我们每天都在考虑家庭、工作和钱的事，这正常吗？
（10）宗教人士要求青年男女不要在一起散步。
（11）拉比邀请教徒们一起来求雨。
（12）我和丹尼通了很多年的信。

词汇表 אוצר המילים

动词 פעלים

מַמְשִׁיךְ, לְהַמְשִׁיךְ		继续
מִתְחַתֵּן, לְהִתְחַתֵּן	(עם)	结婚
מִתְכַּתֵּב, לְהִתְכַּתֵּב	(עם)	通信
מִתְלַבֵּשׁ, לְהִתְלַבֵּשׁ		穿衣
מִתְפַּלֵּל, לְהִתְפַּלֵּל	(ל...)	祈祷
מִתְרַגֵּשׁ, לְהִתְרַגֵּשׁ	(מ...)	激动
מִתְרַחֵץ, לְהִתְרַחֵץ		洗澡
רוֹחֵץ, לִרְחוֹץ		洗

名词 שמות עצם

גִּיל	(ז.)	年龄
גֶּשֶׁם	(ז.), גְּשָׁמִים	雨
חַג	(ז.)	节日
חֲתוּנָּה	(נ.)	婚礼
חָתָן	(ז.)	新郎
טָלִית	(נ.), טָלִיתוֹת	祈祷用的披巾
יָד	(נ.), יָדַיִים	手
יְשִׁיבָה	(נ.)	神学院
כַּלָּה	(נ.)	新娘
מוֹדָעָה	(נ.)	布告，广告

מְזוּזָה	(נ.)	(犹太教)门柱圣卷
מִקְוֶה	(נ.), מִקְוָואוֹת	浴池
פַּעַם	(נ.), פַּעֲמִים	次
תְּפִילָּה	(נ.)	祈祷

形容词 שמות תואר

דָּתִי	宗教的；教徒
צָעִיר	年轻的；年轻人
רַב	很多的
שָׁחוֹר	黑的

其他 שונות

כָּל כָּךְ	如此的
לִפְנֵי	在……前
נוֹרָא ת"פ	可怕的

外来语 מילים לועזיות

פְּסִיכוֹלוֹג(ז.) פְּסִיכוֹלוֹגִית (נ.)	心理学家
אִינְטֶלִיגֶנְטִי	聪明的

注 释

1. 名词组合式（二）

形容词的性数和组合式的第一个名词一致。

עוגת שוקולד טעימה
ספר ילדים חדש
חברי קיבוץ נחמדים
חברות כנסת חשובות

2. 动词（四）

מתלבש, מתפלל, מתכתב, מתרחץ是动词בניין התפעל（加强返身干）的规则动词变化，其特点和בניין פיעל相同，第二个字母中有一个强点。加强返身干动词不及物，多数表达自身动作。

פסק זמן 3

1. א)

- יאללה, הולכים לשתות יין וללמוד תורה.
- רגע, ללמוד או לשתות?
- גם וגם.
- איפה?
- ב- "זוּשָא בנביאים"

בירושלים, ברחוב הנביאים, יש פַּאב מיוחד – "זושא בנביאים"
המקום הזה הוא גם פאב, גם מסעדה כשרה וגם מקום לבוא ולדבר על תורה, על עבודה ועל פוליטיקה. בפאב הזה רואים את כל הַמִי וָמִי של ירושלים. פוגשים שם סטודנטיות וסטודנטים צעירים, אנשים ממאה שערים, פרופסורים מהאוניברסיטה ואנשים חשובים בפוליטיקה הירושלמית.
אנשים באים לפאב הזה ומפסיקים לרוץ עם החיים המודרניים. הם אוכלים לאט, שומעים מוזיקה יהודית, שותים יין, שרים ולומדים תלמוד. ב"זושא" יש אוכל יהודי כמו "גֶפילטֶע פיש" ו"קוּגֶל". ב"זושא" מדברים על שפינוזה, על התנ"ך, על היומיום ושואלים שאלות גדולות וקטנות על החיים.
שַי אֶל-עַמִי הוא "אבא" של המקום. הוא אומר: הפאב הזה הוא כמו בית יין יהודי ישן בעיר קטנה בפולין, ברוסיה, בהונגריה או במקומות אחרים באירופה. עם אוכל טוב ועם מוזיקה טובה אנשים אוהבים את העולם ואת האנשים האחרים. בפאב שלי כולם חברים. כולם חיים בשלום ובאהבה.
(לפי עיתון "מעריב". אוקטובר 1998)

ב) כתבו שתי שיחות ב: "זושא בנביאים"。写两段对话。

1) **מלצר מדבר עם בחור ובחורה צעירים.** 一段侍者和年轻人之间的对话。

2) **תלמיד ישיבה וסטודנט באוניברסיטה.** 神学院学生和大学学生之间的对话。

2. **סמנו מה לא שייך במשמעות.** 标出每组中词义另类的单词。

דוגמה: לחמנייה / חומוס / לחם / חלה / פיתה /

1) אוהל / בית / חדר / דואר / דירה /
2) ספה / משרד / מיטה / ארון / שטיח /
3) שוק / קניון / פרח / בית קפה / מסעדה /
4) עגבנייה / ביצה / גבינה / פרי / תפוח עץ /
5) נהדר / נעים / מצוין / יפה / משעמם /
6) נוסע / רץ / הולך / מצטער / מטייל /
7) עם / על / של / גר / את /
8) מזמין / מסביר / מצליח / להתחיל / מרגיש /
9) להתחתן / להתפלל / מתרגש / להתלבש / להתרחץ /
10) מלצר / עיתונאי / מורה / גנן / בריא /
11) שבעה עשר / אחת עשרה / ארבע עשרה / שש עשרה / תשע עשרה /
12) בול / בקבוק / גלויה / מעטפה / טלכרט /

3. **בחרו את ההשלמה הנכונה.** 选择正确的词填空。

דוגמה: המים בים המלח מלוחים.   (מלוח / מלוחים / המלוחים)

1) רוני אומר לרינה_____, כי היא הולכת לבחינה.
(מזל טוב / באמת / בהצלחה)

2) דויד משלם למלצר במסעדה את ה_____.
(השולחן / האוכל / החשבון)

3) דני שם _____ על המעטפה ושולח את המכתב.
(שני הבולים / הבול / בול)

4) רבקה מתלבשת יפה, כי היא הולכת ל_____.
(החתונה / את החתונה / חתונה)

5) רחל גרה ב_____, כי היא סטודנט.
(מעונות / מעיינות / מעטפות)

6) אורי לא אוהב מזג אוויר _____.   (קרה / קר / קרים)

7) היא לא מפסיקה לדבר, כי היא _____ מאוד.
(מזמינה / מרגישה / מתרגשת)

8) הם קונים כיסאות ושולחנות_____ לבית.

(חדשים / חדש / חדשות)
9) הפירות והירקות בישראל _____ (הזולים / זולים / זולות)
10) הוא לא מצליח ללמוד, כי הוא חושב כל הזמן _____ הבעיות ועל הקונפליקטים בחיים. (של / על / ב...)

4. סדרו את המילים למשפטים. 把下列单词组成句子。

1) כמה / בת / דינה / את / היא / שואל / דני /
2) להבין / החדשות / את / עוזר / המורה / את / לתלמידים / המילים /
3) וחבילות / לדואר / רות / מכתבים / ושולחת / לחו"ל / שבוע / הולכת / כל /
4) הערב / כי / שרה / מתרגשת / מתחתנת / היא /
5) לאכול / ולשתות / בישראל / קורנפלקס / בבוקר / הילדים / שוקו / אוהבים /
6) שבועות / ושניים / יש / חמישים / בשנה /
7) הרבה / באילת / יש / בחורף / במלונות / תיירים /
8) הוא / לבית חולים / כי / נוסע / לא טוב / מרגיש / הוא /
9) המסעדות / אנחנו / את / מכירים / כל / הטובות / בעיר /
10) נותן / זמן / ולהבין / טוב / לחשוב / לסטודנטים / מורה /

5. א) כתבו את השאלות. 写疑问句。

דוגמה: אלף שקלים. *כמה זה עולה?*

1) אנחנו מרגישים לא טוב.
2) רון וטל מזמינים את החברים למסיבה.
3) היא קמה בשבע בבוקר.
4) הוא לא בא למסיבה, כי יש מחר בחינה בעברית.
5) כן, אני בא.
6) יש מזג אוויר מצוין היום.
7) אני הולך לסרט.
8) כי השיעור משעמם מאוד.
9) אני קונה לחם תמיד בסופרמרקט ליד האוניברסיטה.
10) אני אוהב את דינה.

ב) כתבו עוד 5 שאלות ותשובות. 再写5个问句及答案。

6. א) **קראו והשלימו את המילים החסרות.** 完成填空练习。

להיות מורה או לעשות קריירה?

בבית ספר בישראל יש הרבה מורות ורק מעט מורים: המורֶה להיסטוריה – מורָה. המורֶה לתנ"ך – מורָה, גם המורֶה למתמטיקה – מורָה, רק המורֶה לפיזיקה – מורֶה.

נשים – אימהות אוהבות לעבוד בבית ספר, כי שם הן עובדות רק ב_____. בצהריים ובערב הן עם המשפחה. הן אוכלות עם המשפחה, משחקות עם ה_____ הקטנים וגם פוגשות חברים וחברות או קוראות ספרים. הן לא _____ בחגים וגם לא בקיץ.

הגברים בישראל לא רוצים להיות מורים, כי מורים בישראל לא מקבלים הרבה _____. גם אישה קרייריסטית לא רוצה להיות מורה. היא רוצה _____ דוקטור או פרופסור באוניברסיטה, או אולי עיתונאית חשובה. היא רוצה לעבוד במחשבים או בבנק. שם היא _____ הרבה כסף, אבל היא עובדת מהבוקר עד הערב, ולפעמים גם בשבת ובחג. גם בבית היא חושבת על העבודה ולפעמים מדברת בטלפון הרבה זמן בקשר ל_____. היא לא רואה הרבה את המשפחה. הילדים של ה_____ האלה לא רואים את אימא בצהריים ולפעמים גם לא בערב.

? כך זה בישראל. ואיך זה במקומות אחרים בעולם?
这是在以色列的情况，在其他国家的情况呢？

ב) **מלאו את הטבלה לפי הטקסט.** 根据课文内容填空。

	מורה	קרייריסטית
שעות וימים		עובדת מבוקר עד ערב ולפעמים גם בשבת ובחג
כסף		
משפחה וילדים		